ON EN RIRA AVEC LES ANGES...

YSABELLE MARCHAND

ON EN RIRA AVEC LES ANGES...

Édition : BoD – Books on Demand,
12/14 rond-point des Champs-Élysées, 75008 Paris
Impression : BoD - Books on Demand, Norderstedt, Allemagne
ISBN : 978-2322-2-6638-8
Dépôt légal : Août 2021

Préface

C'est avant tout pour mes fils Hugues et Thibault, que j'écris, afin qu'ils connaissent un peu l'histoire de leur maman au travers du passé et des générations précédentes. Parce qu'excepté mon grand frère Eric âgé de 4 ans de plus que moi, nous n'avons malheureusement plus aucune famille proche vivante. Alors, il est important pour moi aujourd'hui de leur laisser ces quelques feuillets où ils pourront trouver des réponses à d'éventuelles questions, ou découvrir des informations jamais ou peu dévoilées. J'ai personnellement beaucoup souffert d'avoir été privée de la connaissance d'événements familiaux importants ; Des vérités restées trop longuement enfouies dans un méli-mélo de hontes et de tabous aux yeux de mes parents ! Je ne souhaite donc pas que mes fils vivent la même désagréable expérience.

Ensuite, pour mes ami(e)s et je pense particulièrement à ma grande Amie Marie-Caroline qui est la sœur que je n'ai pas eue. Nous connaissons depuis notre enfance ; elle est une partie de moi, et elle est également ma mémoire, car si elle n'en manque pas, moi à l'inverse je ne sais pourquoi, j'ai des passages de ma vie complètement effacés ! Elle sera surprise je pense, d'un passage ou deux où je dévoile des mésaventures ou événements sensibles dont je n'ai jamais parlé.

MCaroline c'est un doux mélange de pudeur, de réserve, de constance, de générosité, de gentillesse absolue et d'humour.

L'Amitié a eu très rapidement beaucoup d'importance pour moi comme si je savais qu'elle serait essentielle dans ma vie future, d'abord, parce que je me sentais seule « petite fille et adolescente » ; Mon grand frère Eric était d'une autre génération et pendant que j'écoutais Dave, Michel Delpech ou encore Mike Brant, il renchérissait sur sa mini chaîne stéréo avec les Beatles, Bob Dylan ou Gérard Manset.

Après le départ d'Éric, mes parents se sont alors beaucoup « reportés » sur moi, il me fut alors très difficile de m'émanciper...

Il y avait beaucoup de règlements et d'interdits à la maison, on ne parlait pas flirt, sexualité ; J'ai eu mes règles sans savoir réellement ce qui m'arrivait et j'avais 16 ans ! Au même âge, je me laissais embrasser sur la bouche, pour la première fois par un garçon et j'avais attendu avec impatience qu'il parte, pour aller me laver les dents !!
J'avais ressenti du dégoût de cet échange qui ne m'avait semblé que baveux !
J'étais alors allée trouver ma grand-mère paternelle (Mamita, que j'évoquerais plus loin) qui ce jour-là, prenait le thé avec Maman, pour lui confier mon ressenti.
Elle m'avait rassurée en me disant que c'était normal et que « le plaisir viendrait plus tard avec un jeune homme qui me plairait sûrement beaucoup plus » ; Sceptique, j'étais repartie dans ma chambre en me demandant si j'arriverais un jour à sortir avec des garçons ou si peut être, je préférerais les filles... Mais ma grand-mère avait eu raison.

L'Amitié c'était donc ma deuxième famille, une porte sur l'insouciance et une certaine forme de liberté, avec de la complicité, des rires, des larmes et des échanges sans retenue aucune.

« Un ami qui comprend nos larmes a beaucoup plus de valeur que plein d'amis qui ne comprennent que notre sourire »

-Françoise Sagan-

Eric-Vicky

Au moment où j'aurais pu me rapprocher de mon frère, vers 15 ans, il est parti l'été 1975 avec son ami d'enfance Denis, voyager aux USA puis au Canada où il est resté vivre 1 an au Québec dans une ferme autogérée. Il est revenu en 1976 pour enchaîner les petits boulots afin de se faire de l'argent et repartir au Mexique qu'il avait traversé rapidement et dont il était tombé amoureux ! Le 7 Juillet 1979 alors qu'il se trouve à San Cristobal de las casas dans le Chiapas depuis 3 ans, il rencontre Vicky (Virginia) avec qui il continue son chemin. Ils y sont restés jusqu'en 1980 ;

En 1981, ils sont arrivés en France et ont été guides pour des touristes dans 8 pays d'Europe. Ils sont repartis au Mexique et ont ouvert en 1982 à Patzcuaro dans le Michoacán, un café musical «El Cayuco » avec également un autre ami Philippe. L'aventure a duré 1 an et demi.

Ils sont revenus à nouveau en France car Vicky avait besoin de se faire opérer d'un pied, suite à un terrible incident des années auparavant. Elle fut opérée dans une petite clinique du 16e dont la réputation était bonne : L'opération se révéla catastrophique car le chirurgien coupa un nerf servant à relever le pied !!!

À mon grand regret et dégoûtés, ils n'ont pas porté plainte. Repartis au Mexique, Eric s'intéressa aux cultures protégées et devint Technicien en la matière en suivant une formation à Perpignan et en obtenant le diplôme. Son souhait était d'aller s'installer au Mexique pour cultiver des fleurs sous serre et de façon intensive.

Mais, suite à une rencontre pendant ces études, on lui proposa d'aller voir comment fonctionnait dans la pratique le projet de culture sous serre sur l'altiplano bolivien. Ils ne devaient partir que quelques mois et y sont restés 5 ans car entre-temps, Eric et Vicky ont proposé une série de réformes au projet qu'ils ont dû mettre en place. C'est ainsi qu'ils sont devenus des travailleurs pour des ONG de développement en Amérique Latine.

Pour leur plus grand bonheur, leur premier enfant, Jonathan-Amaël naît sur les hauts plateaux Boliviens.

La petite famille revient alors en France à Montpellier car Eric s'inscrit au CNEARC pour présenter le diplôme d'ingénieur agronome. Ils sont accompagnés d'Ymelda une jeune bolivienne engagée comme « jeune fille au pair » depuis la naissance de Jonathan. Moi, je suis enceinte de Thibault et Hugues 3 ans qui disait à l'époque : « Quand est-ce qu'on va à ton pellier ? ».

Lorsque nous nous rencontrons à Montpellier, c'est le coup de cœur. Ymelda souhaite rester en France, parfaire le français. Il fut donc prévu qu'elle vienne vivre à Boulogne.

Elle restera avec nous jusqu'aux 3 ans de Thibault et ce fut pour moi une compagnie merveilleuse et une aide formidable : un cocktail pétillant d'humour, de gentillesse et de générosité. Ymelda rencontra lors d'une soirée dansante, un jeune français Christian. Ils ne se quittèrent plus et aujourd'hui c'est une femme épanouie avec deux magnifiques enfants jumeaux prénommés Guillaume et Carla.

Ensuite, Eric, Vicky et Jonathan sont partis pour El Salvador afin de rédiger le mémoire de fin d'études. Premier ordinateur et avec l'aide de Vicky, des entrevues sur le « campo » servant à la rédaction du mémoire. Il fut ensuite engagé par une ONG pour travailler dans le pays. Ils y restèrent une quinzaine d'années. Là-bas, ils avaient pris la décision d'adopter une petite fille car il n'était pas possible médicalement parlant pour Vicky de porter un deuxième enfant et ils désiraient absolument que Jonathan ait un frère ou une sœur.

C'est ainsi que la petite Wendy-Johana est arrivée dans leur foyer à l'âge de 3 ans et demi. Ils avaient fait sa connaissance dans un orphelinat Salvadorien et venaient la voir régulièrement.

J'espère qu'il écrira lui aussi tout ce qu'il a vécu et réalisé dans tous ces pays avec Vicky sa merveilleuse femme. Je suis toute aussi fière et admirative de lui, car il a véritablement su se donner les moyens physiques, psychologiques et mentaux pour avoir la vie qu'il souhaitait et ça n'a pas toujours été facile.

Jonathan-Amaël a la gentillesse, la générosité et l'humour de ses parents. Il est aujourd'hui devenu un jeune homme brillant après un cycle d'études impressionnant comme : une licence en Philosophie, Sciences Politiques et un Doctorat en Sociologie.

Wendy est profonde, sensible et pleine de charme. Elle a un sens absolu de la justice, de l'égalité et du partage.

Je regrette que mon neveu et ma nièce soient si loin aussi. Comme mon frère et Vicky, ils sont si précieux !

Confinement

Nous sommes le 24 mars 2020 et le confinement vient de se mettre en place le 17 ; c'est le début des travaux de mon nouvel appartement acheté 1 semaine avant. Travaux à l'arrêt ainsi que toutes les commandes des sols et de la cuisine ; youpi !

Décidément l'acquisition de cet appartement aura été compliquée et pleine de surprises depuis le début ; d'abord, une annulation temporaire de signature pour le compromis de vente, puis une signature d'achat sous haute tension suite à des malversations de l'acheteur qui aurait profité des largesses de la dame âgée propriétaire du bien, elle-même fâchée avec ses deux fils.

Chez le notaire, tout ce petit monde était réuni et si les yeux de certains avaient été des mitraillettes, ce n'est pas une signature qui aurait eu lieu, mais un règlement de comptes sanglant.

Me voici donc logée chez Mister Izy, mon ostéopathe préféré de Boulogne depuis une vingtaine d'années, qui a eu la gentillesse de me proposer son appartement de vacances à côté des plages de Sète pendant la durée initiale de mes travaux. J'étais partie pour y être 1 mois ½, j'y serais restée 5 mois !

Autant dire que je connais plus que par cœur les lieux, car ne sachant plus quoi faire de moi et privée de mes affaires personnelles qui étaient au garde-meubles, je me suis permise de ranger, en réorganisant le rangement des outils, accessoires nautiques, linge de maison et produits ménagers.

En arrivant pour les grandes vacances, en ouvrant ces placards, il aurait, j'espérais, le plaisir de trouver l'ensemble de ses différentes affaires triées et regroupées, ainsi que celles de sa compagne, en priant que ce ne soit pas l'inverse qui se produise : que je n'allais pas recevoir des SMS ou des appels cet été, me demandant où sont ces piles, ces stylos ou ces rallonges électriques!

Parfois on veut faire bien et nos initiatives n'ont pas la finalité positive que l'on aurait voulu. Je suis assez spécialiste de ça!

J'ai eu beaucoup de chance d'être logée chez lui, l'appartement étant bien agréable avec sa grande terrasse donnant sur la marina où je n'entendais que le cri des goélands. La mer à 3 minutes à pieds, l'immensité des 14 kms de plage de sable fin, déserte.

Un spectacle tout aussi beau qu'impressionnant par son silence, sinon les sons berçants de la mer, mais l'absence quasi-totale d'êtres humains.

Seul un voisin et ami de Jeff m'a apporté du baume au cœur. J'ai fait la connaissance de Claude : un homme attentionné, gentil et généreux. J'ai eu beaucoup de plaisirs à partager quelques bons repas chez lui, traiteur à la retraite, il n'avait rien perdu de son savoir-faire et nous avons pu aussi échanger sur nos vies; Il avait deux enfants dont un fils qui vivait au Mexique! Un petit clin d'œil au hasard qui n'existe pas!

Lorsque je sortais de l'appartement pour aller faire un tour, je pouvais ne croiser personne; Ça me faisait un peu penser à ce que pourrait être la fin d'un monde, la fin de la vie.

Parce que soyons honnête, même si je pense avec certitude (j'y reviendrais après) qu'il y a bien « quelque chose quelque part » qui nous attend après notre mort, je n'en reste pas moins traumatisée à l'idée que ma vie telle que je l'ai toujours connu, va s'arrêter un jour!

C'est juste inacceptable pour moi et sans doute pour beaucoup d'autres, de réaliser que mon corps actuel va finir en poussière entre 4 planches, que je disparaîtrai pour toujours de cette vie-là ; que je ne parlerai plus, ne verrai plus, n'entendrai ni ne sentirai plus, jamais !

Même si je pense qu'il y a un « Dieu » ou quelqu'une force qui expliquerait qu'à toute création il y a un créateur, je n'arrive pas à trouver la sérénité que certains arrivent à avoir avec cet esprit et cette foi de croyance.

Alors, depuis que je suis en âge de réaliser que la mort existe, j'ai choisi le parti de l'humour pour planquer ma terreur.

Woody Allen dit « Ce n'est pas que j'ai peur de mourir, mais je préfère ne pas être là ».

J'ai donc décidé de profiter à fond des moments ou des êtres qui me donnent l'envie de faire un bout de chemin avec eux.

Que ce soit par mon double signe astrologique de Sagittaire, discipline de croyances à laquelle j'attribue un grand intérêt ou par l'hérédité d'une grand-mère paternelle dont je parlerai par la suite, ou encore par le lien spirituel d'une arrière grande tante que j'aurais pu rencontrer avec fierté et bonheur si elle n'avait pas décédée si tôt (Bonjour tristesse), j'ai tout le temps ressenti en moi ce côté passionnel, ce besoin de vivre avec élan, enthousiasme et ivresse, ma vie.

.../...

Mamita

Il était une fois l'histoire d'un « secret » de famille que j'ai découvert petit à petit et « maux à mots » par ma grand-mère tout d'abord, qui la veille de son décès voulait absolument m'en parler, puis par ma mère suite à des incohérences qui m'apparaissaient après la disparition de Mamita et pour finir, le moins possible par mon père ; Un secret horriblement tabou et douloureux pour lui ;

Mamita, ma grand-mère paternelle d'origine Corse par sa mère, que l'on appelait Maud, a eu dans sa jeunesse un grand amour. Elle avait dû rencontrer cet homme sur un paquebot où à l'époque elle était hôtesse de bord. C'était une belle femme aux cheveux châtains clairs, la peau très blanche, les yeux verts et au sourire lumineux.

L'homme qui se prénommait René dont elle était tombée « en amour » (j'adore cette expression canadienne), était grand, mince, blond et les yeux verts. Ils se fréquentèrent plusieurs années dans une relation secrète puisque Monsieur était marié. De cette union de deux corps amoureux, sont nés mon oncle Alex et 5 ans après, papa.

Malheureusement, si René ne manquait pas de spermatozoïdes, il était dépourvu de couilles et n'a jamais eu le courage de reconnaître ses deux fils. Pour ma grand-mère, être une fille-mère était tout aussi délicat que triste pour ses fils. À l'époque, en 1930, ce n'était pas une chose très courante même si cela avait toujours existé.

C'est alors qu'elle croisa le chemin d'un homme veuf et éperdument amoureux d'elle. Je n'ai malheureusement pas beaucoup de détails sur cette rencontre ; je sais juste que Maud l'aimait beaucoup sans être véritablement amoureuse ; Dans toute sa générosité, cet homme qui s'appelait Georges Marchand, lui proposa de l'épouser pour donner son nom à ces deux fils et puis... de divorcer. Ce qu'ils firent.

Ils vécurent ensemble quelques années en faisant, je crois, chambre à part ;

Bien plus tard, alors que j'avais 10 ans, Maud et Georges se re- marièrent pour le meilleur ;

Georges avait eu une fille Christine, de sa première union dont je ne comprenais pas certaines réactions lorsque j'allais dormir chez ma grand-mère. En réalité, privée de sa maman décédée trop tôt, elle avait eu du mal à partager son papa avec Maud et peut-être avec moi aussi, sa petite fille.

Ce que j'ai réalisé bien plus tard, c'est que mes parents redou- taient les questions inévitables sur le pourquoi du même nom de famille des deux frères et de Christine une sœur dont on ne m'avait jamais véritablement parlé !

Ce qui me paraît incroyable également aujourd'hui, c'est que pen- dant des années, personne n'évoquait à la maison le père de papa ! Les quelques questions qui avaient dû être posées avaient proba- blement été évincées avec subtilité et fermeté ;

Pourtant, j'aurais pu connaître ce secret bien plus tôt ; j'avais 21 ans lorsque ma grand-mère est tombée gravement malade ; c'était l'été, j'étais en vacances dans la Drôme à Montélimar, avec mon petit ami de l'époque Olivier et sa famille. Un matin, il y eut un coup de téléphone de mes parents me demandant de rentrer car Mamita était très souffrante.

Sans rien savoir d'autre de son état, 24 h après je me retrouvais à son chevet ; elle semblait très faible, mais a pris le temps de me dire « qu'un jour elle me confierait un secret » ; par compassion pour son état de fatigue et malgré une énorme curiosité, je ne lui posais aucune question en me promettant de le faire si elle oubliait. Elle est décédée le lendemain…

Outre la colère de ne pas avoir été préparée à ce départ si rapide et la peine immense de perdre brutalement cette grand-mère adorée, je n'ai pu donc l'entendre me raconter avec ces mots, son histoire d'Amour.

Mamita était une grand-mère à l'écoute et moderne ; C'est avec elle que j'ai pu parler de flirts, de sentiments Amoureux et de mes premiers rapports sexuels ; Elle me guidait et me conseillait lorsque j'étais perdue ; Je me sentais plus proche d'elle que de maman, elle avait ce côté romantico-passionnée ; nous étions en symbiose. Elle était Sagittaire…

Quelque temps après, un week-end où mes parents étaient à la campagne, fragilisée par cet énorme chagrin ajouté à des tumultes amoureux et un peu trop seule à l'appartement de Boulogne, l'envie subite de dormir, de partir, d'en finir, me prit…
Je trouvais une boîte de Temesta (un somnifère) dans l'armoire à pharmacie de Maman. Sans réfléchir à quoique ce soit et inondée de larmes, j'avalais tous les comprimés avec du porto !

Quelques minutes après, je ressentis le besoin d'appeler MCaroline.
Elle était absente et c'est son frère qui m'avait répondu. Quand sa sœur rentra, il l'avertit de mon appel en lui disant que je n'avais pas l'air d'aller bien ; MCaroline tenta de me rappeler immédiatement, mais le téléphone sonnait dans le vide. Elle donna l'alerte à mes parents, qui envoyèrent une amie sonner à la maison.
Sans réponse, ce sont les pompiers qui forcèrent la porte d'en-

trée. On me trouva inanimée. Je n'ai plus aucun souvenir de mon réveil ;

Mes parents n'ont jamais su en parler avec moi ; je ressentais d'eux un mélange de colère et d'incompréhension et on m'envoya juste consulter un psy. J'ai le souvenir d'un homme silencieux assis à son bureau à qui j'étais censée parler.

Les quelques consultations n'ont servi à rien.
« Mes maux restaient sans mot dire »...

.../...

René – Guy – Zab

Dès lors que j'ai pris connaissance du « secret », j'ai cherché à en savoir davantage. C'était sans compter sur tous les efforts de mes parents pour que j'en sache le moins possible !

Mais c'était également sous-estimer ma volonté d'en apprendre plus, car je voulais absolument comprendre le pourquoi du comment et découvrir ce grand-père inconnu.

J'ai pu, au décès de ma grand-mère paternelle, avoir quelques premières bribes du père biologique qui apparemment, n'avait pas été très présent dans la vie de ses fils.

Ce n'est que quelques années plus tard que j'ai enfin pu mettre un visage sur un prénom et un nom !

Lorsque je suis tombée sur de vieilles photos appartenant à ma grand- mère, j'ai cru voir mon père à un âge impossible à l'époque. La même silhouette, le même visage, le même blond des cheveux. René Schoeller n'aurait pas pu renier son fils !

À l'époque, il était Directeur Général de la maison Hachette. Un homme public et « reconnu ». Il était du signe du Capricorne, ce qui ne me surprend pas puisque la Sagittaire que je suis également, est très attirée par ce signe.

Mamita, avait dû apprécier l'homme à la personnalité sérieuse, disciplinée, persévérante, profonde et sensible. Mais le Capricorne peut être également rigide, introverti, exclusif et méfiant ; L'homme Capricorne, c'est le feu sous la glace, mais quelqu'un qui peut aussi sortir d'une vie tranquille pour vivre une passion.

René était aussi cet homme marié, qui avait eu un fils qui se pré-nommait Guy, né en 1915.

Après la naissance de mon oncle Alex en 1925, Il avait dit à ma grand- mère que si elle lui donnait une fille, il lâcherait sa femme. 5 ans plus tard en mai 1930, papa naissait. C'est, entre autre, ce qui pesa beaucoup à mon père : Il avait toujours imaginé qu'il n'avait pas été désiré ;

Guy Schoeller le seul enfant que René eut avec sa femme, avait été un éditeur, qui travailla tout d'abord aux éditions Hachette, puis fut le fondateur un peu plus tard de la collection « Bouquins » chez Robert Laffont. Il fut également directeur du magazine « Femmes d'aujourd'hui ».
Mais il fut surtout le mari de Françoise Sagan de 1958 à 1960 ; C'est là où le destin a quand même sa grande part de « non-hasard » !
sans savoir bien évidemment, que j'avais une filiation indirecte avec cette romancière, il se trouve que j'ai dévoré tous ces livres entre 20 et 40 ans...

J'ai toujours été attirée par cette femme particulière : Libre, pas-sionnée, entière et dont la plume moderne répondait à tous ses traits de caractère.

Elle avait écrit « J'ai trop le désir qu'on respecte ma liberté pour ne pas respecter celle des autres » et je partage entièrement cette volonté.

En février 1993, je faisais la connaissance d'un couple lors d'un dîner chez un cousin de mon ex-mari. Coup de cœur pour la jeune femme qui s'appelait Isabelle, mais que tout le monde surnommait Zab.

Nous sommes immédiatement devenues amies, au point où, alors qu'elle était enceinte de jumeaux et qu'elle et son mari étaient désespérément à la recherche d'un appartement plus grand, je me suis arrangée pour la mettre en rapport avec la propriétaire du petit immeuble où j'habitais à Boulogne depuis des années et la recommander, car un grand appartement était disponible à la location; Ils emménagèrent peu de temps après.

Zab parlait souvent d'un cousin qu'elle adorait : Jean-Marc S surnommé Arthur, chirurgien dentiste dans le 16e arrondissement à l'époque; je savais de lui que son père, oncle de Zab, avait divorcé de sa maman qui elle-même avait refait sa vie. Zab rendait visite régulièrement à son cousin et ils passaient à chaque fois des grands moments de rire et de complicité.

Il lui parlait entre autres de son beau-père qu'il aimait beaucoup et avec qui il déjeunait régulièrement dans un petit restaurant huppé du boulevard Murat.

Mais, peu de temps avant la mort de ce beau-père, j'appris avec stupeur qu'il était... Guy Shoeller !!

Je n'ai malheureusement pas eu le temps de pouvoir le rencontrer; la maman d'Arthur souffrant d'un cancer avait succombé et Guy terriblement affecté, était mort peu de temps après, à 86 ans. Nous étions en 2001.

Je ne saurai jamais si Guy Schoeller aurait apprécié de rencontrer une nièce, la fille d'un demi-frère totalement inconnu. Moi, j'aurais tout fait pour que cela se passe au mieux en ayant à la fois, le besoin, le plaisir et la fierté de le connaître.

Je me suis toujours dit que ma rencontre avec Zab devait se faire : à la fois pour cette magnifique Amitié que nous avons partagée et parce qu'elle avait un lien direct avec ma vraie famille paternelle !

Paul Éluard avait dit si justement : « Il n'y a pas de hasard. Il n'y a que des rendez-vous »

Après 16 ans de complicité, en juillet 2007, Zab décédait, victime d'un cruel et impitoyable glioblastome au cerveau.

Elle avait pris le temps d'écrire un livre avec mon aide : Un joli témoignage aussi sensible que grave, drôle et terriblement émouvant.

Elle m'avait même associée à la préparation de sa messe d'enterrement, moi qui craignais autant la mort!! Je pense que ça été sa façon de m'apprivoiser à la sienne.

Alors que j'avais dû partir en vacances à Evian pour les enfants, mais un peu plus tard que prévu, car Zab avait été admise en unité de soins palliatif mi-juin 2007 et que j'avais du mal à ne plus aller la voir chaque jour, j'ai ressenti un matin comme le besoin impératif de rentrer. N'ayant rien préparé la veille pour ce départ, je n'ai pu quitter Évian que dans l'après-midi ; il y avait près de 600 kms et fatiguée par une conduite soutenue et un arrêt ou deux pour les enfants, la fatigue et la prudence m'obligèrent à faire une halte pour la nuit.

J'avais choisi un hôtel en bordure de l'autoroute pour repartir au plus vite le lendemain matin.

Alors que j'approchais de la région parisienne, j'apprenais un peu brutalement par mon ex-mari, que Zab venait de s'éteindre.

Elle avait 47 ans.

.../...

Papy, Mamie

Si la famille paternelle avait tout fait tout pour ne pas « se faire remarquer », du côté maternel, ce fut un peu plus éclairé !

Mon grand-père d'origine grecque et italienne par mon arrière-grand-mère napolitaine et son mari grec, avait débarqué à Paris dans les années 1925, afin de développer un commerce dans les deux-roues avec l'importation des motos Royal Enfield. Il avait huit frères et sœurs que je n'ai jamais connus. Deux étaient décédés jeunes et d'autres étaient restés en Grèce. Tout ce petit monde était né à Smyrne qui appartenait à l'époque à la Grèce et devenu Izmir par la reconquête violente de la Turquie dans les années 1922. Ceci-dit, nous n'en parlions jamais à la maison avec maman ou qui que ce soit d'autre. Même mon grand-père ne me parla pas de sa famille alors que j'adorais échanger avec lui.

Ce n'est que des années plus tard, grâce à Monique, chirurgien-dentiste dans le 16ᵉ et compagne d'Alex le frère aîné de Papa, qui avait eu comme patient un certain Jean-Pierre, qui était le fils de Germaine elle-même fille d'Irène une sœur de Papi. (Ça suit ?) ; J'avais rencontré plusieurs fois Germaine chez mes grands-parents maternels et elle était également venue à Boulogne chez mes parents. c'était un petit bout de femme qui portait sur elle un mélange de fragilité et de grande gentillesse. Elle avait perdu son mari prématurément et s'était retrouvée seule avec deux garçons, dont l'un Roger, était un cousin très proche de Maman et qui fut le parrain de mon frère.

Claude, la femme de l'autre fils de Germaine, fut ma marraine mais il y eut une grosse embrouille entre elle et la femme de Roger, une espagnole caractérielle. Malheureusement pour moi, je perdis tout contact avec cette marraine vers l'âge de 3 ans.

J'ai donc retrouvé ce cousin Jean-Pierre mais à l'époque, je ne sais plus pourquoi, les choses ont fait que nous ne nous sommes pas à nouveau véritablement retrouvés. Ce n'est qu'à mon arrivée à Sète en juin 2019, que quelques mois après, je recevais un petit message de lui. Depuis, nous nous sommes revus à Marseille avec sa femme Catherine, où ses enfants Alexandre qui avait 4 ans à mon mariage et sa sœur Marie Laure, habitent depuis quelques temps. Tout ce petit monde est adorable et je suis heureuse d'avoir enfin retrouvé cette partie de ma famille. Jean pierre remonte l'arbre généalogique et grâce à lui, j'ai appris pleins de choses! L'origine maternelle est véritablement mi Italienne- mi Grecque et j'en suis fière.

Papy parlait couramment le grec, l'italien et l'anglais. Seul le français avait besoin d'être pratiqué; c'est ainsi qu'à son arrivée en France, en voulant demander son chemin à un policier, il s'adressa à lui en lui disant « Pardon monsieur le flic, pouvez-vous me dire... »
Fort heureusement, son apparence de monsieur chic en costume, chapeau et son fort accent, avait donné le change favorablement.

On lui avait vanté les bonnes pâtisseries françaises; un jour Papy s'est donc rendu dans une boulangerie afin de déguster l'un de ces fameux gâteaux; au bout de quelques minutes d'hésitation et alors que la vendeuse lui demandait ce qu'il voulait, il désigna du doigt l'un d'entre eux. Il sortit et goûta à la hâte sa pâtisserie : si le côté friand ne lui déplaisait pas trop, l'intérieur le laissa dubitatif; il le finit tout de même en étant très déçu de sa première expérience : il avait mangé une bouchée à la reine!!

Papy avait ce côté Louis de Funès : le physique d'un homme mûr, sérieux au profil aquilin, qui s'habillait presque tout le temps en costume et chapeau; avec le ton de sa voix puissante et grave doté d'un accent, il intimidait plus qu'autre chose!

C'était aussi un homme doté d'un humour provocateur et farfelu. Alors, qu'il passait à la frontière Suisse avec le coffre plein de cartouches de cigarettes, de paquets de cigarillos et de quelques alcools, un douanier l'arrêta, le salua puis lui demanda s'il avait quelque chose à déclarer : Le plus sérieusement du monde, il tourna son visage de profil et répondit « Oui jeune homme, mon nez ! ».

Le douanier à la fois surpris et embarrassé de cette réponse lui pria de passer !!. Quelques mètres plus loin, mon grand-père éclata de rire en se moquant du douanier en grec ;

Papy me faisait rire lorsqu'il se préparait à sortir ; il « checkait » ses poches passant de l'une à l'autre en disant : clef, portefeuille, revolver, couteau...

Papy chantait souvent et il avait une belle voix à la « Luis Mariano ». Lorsqu'il faisait sa toilette, il entamait des chansons en français, italien ou grec.

Petite fille, j'ai passé beaucoup d'étés à Evian-les-Bains dans l'appartement qu'ils avaient acheté dans les années 60, face au lac Léman ; J'allais régulièrement me promener sur le quai et je me souviens que mon grand-père me surveillait avec ses jumelles de peur qu'un individu m'approche de trop. Il ne fallait pas toucher à sa petite fille !!

Lorsque je venais déjeuner dans leur appartement de la petite rue « du Capitaine Olchansky » en bas de l'avenue Mozart, il y avait un beau piano à queue que je ne manquais pas d'ouvrir à chaque fois, pour y jouer quelques notes ;

Papy y glissait à chaque fois un petit billet, qui me réjouissait.

J'étais très attirée par le piano, j'aurais adoré en jouer ; Je devais avoir une douzaine d'années lorsque je ne sais plus qui, m'a trouvé une dame âgée qui venait me donner des cours. Moi, je voulais jouer tout de suite et je trouvais terriblement ennuyeux l'apprentissage du solfège où une fois qu'une main est acquise, il faut tout recommencer de l'autre.

De plus, la dame en question avait parfois les yeux clos quelques secondes pendant le cours, ce qui ne me motivait pas. Un peu plus et Mamie ou Papi nous trouvaient toutes les deux endormies sur le clavier!! Je regrette vraiment de ne pas avoir eu la volonté d'apprendre un jour le solfège. J'avais une bonne « oreille » qui me permettait de retrouver rapidement une mélodie sur le clavier.

Papi est décédé brutalement d'une crise cardiaque : son cœur a littéralement explosé! Avait-il trop aimé de femmes?

J'ai appris bien plus tard que Maman n'aimait pas beaucoup son père, car il aurait trompé mamie à plusieurs reprises.

Le premier décès familial proche me touchait, je perdais ce grand-père maternel atypique.;
J'avais 18 ans.

Mamie Odette, ma grand-mère maternelle avait toute la générosité, l'humilité, la pudeur et la bienveillance de ces femmes d'où l'on ne sait pas si elles sont vraiment heureuses dans leur couple, mais qui trouvent leur bonheur dans le partage. Elle avait un don : elle cuisinait merveilleusement bien; c'est simple, elle savait tout faire!

Vers la fin de sa vie, alors qu'elle commençait à sensiblement perdre la vue, elle continuait à cuisiner de la même façon.

Un jour, lors d'un repas familial où tout le monde complimentait Mamie de sa cuisine, Maman qui n'avait pas le même engouement ni la patience pour l'art culinaire, l'avait félicité avec son humour décapant en s'exclamant : « Bon et bien moi, je vais me mettre un bandeau sur les yeux et je vais peut-être cuisiner aussi bien! »;

Toute sa vie, Mamie régala des tablées entières et pendant très longtemps, c'est elle qui préparait le repas du 25 décembre avec la fameuse dinde et bûche de Noël.

L'un de ces jours-là, alors que le hors-d'œuvre était terminé, elle était allée en cuisine pour la suite du repas. Dans l'appartement que nous habitions à l'époque, il y avait un long couloir qui tournait entre la cuisine et la salle à manger. Soudain, alors que toute la famille attendait impatiemment le plat principal de Noel, des pas se firent entendre sur le parquet ancien du corridor; tout le monde décida alors d'acclamer avec joie : « La dinde, la dinde, la dinde » mais, c'est mamie qui arriva seule ! Il y eut un éclat de rire général.

Mamie dut aller dans une jolie maison de retraite dans la vallée de Chevreuse où nous lui rendions tous visite régulièrement. Il avait malheureusement été impossible de la maintenir chez elle; elle avait complètement perdu la vue et était neurologiquement désorientée. À son domicile dans les dernières semaines où elle vivait seule, elle se levait la nuit et déménageait les meubles. Sophie, sa fidèle et dévouée femme de ménage, s'arrachait les cheveux à essayer de tout remettre en place;

Un jour, il fallut appeler les pompiers, car elle avait chuté lourdement sur le carrelage de sa cuisine.

Le temps que mes parents puissent arriver, Mamie ne cessait de demander à Sophie de faire une tarte aux pommes pour remercier les pompiers.

On ne savait plus s'il fallait en rire ou en pleurer.

Un matin, je recevais un appel de la maison de retraite qui me demandait de venir rapidement; mes parents étaient en Sologne dans leur maison de campagne et j'étais donc celle qu'on prévenait juste après eux; en quelques minutes, je m'étais habillée et j'étais partie en voiture. Si la circulation avait été fluide, il n'y avait pas moins de 35 minutes de Boulogne pour arriver en vallée de Chevreuse.

La veille, j'avais été déjeuner avec elle, la sortant de la salle à manger tristounette pour l'emmener dans le jardin ; mamie avait eu ce jour-là besoin de se livrer sur des choses que je n'avais jamais sues comme son père qui avait été boulanger ; elle en parlait comme s'il lui avait été douloureux de n'avoir jamais pu le faire...

En franchissant le portail de la résidence, je croisais un camion de pompiers qui partait. En arrivant à sa chambre, une infirmière m'arrêta pour m'annoncer que c'était fini.

Mamie s'était éteinte doucement à 96 ans.

...\...

Je fus d'abord une petite fille « bien élevée » dans des robes à smocks, des socquettes blanches et... des bleus pleins les genoux, car j'étais aussi un vrai garçon manqué qui adorait courir, escalader et jouer aux gendarmes et aux voleurs.

Ce qui était sûr, c'est que je donnais « du fil à retordre » à mes parents : Déjà à 3 ans, à force de gigoter, je glissais dans la baignoire me cassant le bras gauche.

Un jour où je sautillais joyeusement dans le salon, je suis tombée assise sur le coin d'une table basse où paraît-il, (ouf, je ne m'en souviens pas) j'ai dû être recousue à un endroit très sensible !

Plus tard, sur une plage de Bénodet, je montais l'échelle d'un téléphérique de plage qui ne fonctionnait pas et je m'accrochais à la corde, car la poignée avait été retirée, dans l'idée de rejoindre le sable juste à la force des bras.

Malheureusement et rapidement, la corde me brûlait les doigts et j'avais dû me lâcher à plus de 2,00 m du sol. Je me relevais avec un bras droit douloureux et qui avait une drôle de forme : je me précipitais vers Maman qui bronzait tranquillement en criant :

« j'ai le bras cassé, j'ai le bras cassé »

« Mais non ma chérie, montre-moi, je vais te frotter » ;

Quand Maman vit qu'il y avait un deuxième coude formé à la hauteur du poignet, elle faillit faire un malaise.

Alors que j'étais à Vensat un petit village du Puy-de-Dôme, dans la maison d'une grande amie de ma grand-mère paternelle, j'étais partie « en mode aventurière » dans le jardin ; J'ai eu la bonne idée de grimper le portail en fer pour échapper « à l'ennemi » ! Au moment où j'arrivais presque au-dessus, mon pied glissa et ma main s'enfonça dans l'un des pics en forme de fer de lance du portail !

À peu près au même âge, je me souviens avoir glissé sur du verglas à Boulogne et de m'être ouverte la lèvre inférieure de la bouche : C'était impressionnant, car il y avait beaucoup de sang. Je me souviens de ce rouge sur le blanc du trottoir ;

Mes parents lorsqu'ils recevaient à dîner, prenaient plaisir et fierté à faire venir leurs invités me dire bonsoir dans ma chambre. C'était un rituel : Je savais exactement ce que l'on attendait de moi : mes cheveux blonds bien brossés, ma chemise de nuit impeccable et couchée dans mes draps roses, je disais « Bonsoir Madame, Bonsoir Monsieur » avec mon plus joli sourire de petite fille sage.

Lorsqu'ils avaient tous regagné le séjour et commencé à dîner, je me relevais et rejoignais mon frère Eric, pour nous approcher au plus près du salon afin d'écouter les conversations, tenter de passer sous la table à manger revêtue d'une longue nappe qui nous cacheraient, ou encore aller dans la cuisine goûter les plats qui revenaient et particulièrement les desserts !

Parfois, c'était une vraie partie de cache-cache avec Marthe la femme de ménage polonaise qui était également ma nounou que j'aimais beaucoup et dont mes parents avaient recours pour des dîners importants.

Plus tard, le décor fut moins rose !

Adolescente, à 13 ans, les choses ont commencé à se gâter ; La petite fille avait lâché ses « barbies » et aspirait à des envies plus personnelles.

J'étais alors en 4ᵉ dans un établissement privé.
L'apprentissage scolaire traditionnel ne proposant qu'un système

d'études standardisées ne me convenait pas. Il était indéniable que je commençais à m'y ennuyer sérieusement.

Si j'étais intéressée par le français et les langues étrangères comme l'anglais puis l'espagnol, les autres disciplines me paraissaient pour certaines ennuyeuses et d'autres improbables comme les mathématiques ;

Autant l'arithmétique, le calcul comme on disait dans les classes primaires, était indispensable, autant je n'ai jamais compris en quoi les cosinus d'un angle aigu, les fractions ou les fonctions polynômes ou numériques, allaient me servir au quotidien ou même dans ma vie future.

Les différents professeurs de mathématiques que j'ai eus, s'arrachaient les cheveux quand ils en avaient, ou à l'inverse ne m'interrogeaient plus.

Une fois l'un d'entre eux me demanda « qu'est ce qui faisait que j'étais aussi nulle ? ».

Un peu agacée et piquée au vif, je lui répondis que « j'étais beaucoup plus sensible aux citations qu'aux équations ».

Quant aux autre cours comme l'histoire ou la géographie par exemple qui je le reconnais, avaient tout leur intérêt, ils étaient à l'époque et malheureusement, dispensés par la même professeure pendant 3 ans : Une femme avec une voix haut perchée qui passait presque toutes les heures de cours à nous faire recopier nos ouvrages !!

Une fois, j'avais proposé de faire directement des photocopies de nos livres. Évidemment la classe éclata de rire et je pris 2 h de colle.

C'était pourtant et selon sa méthode, d'une logique implacable.

À la maison, les punitions tombaient à chaque bulletin de notes et c'était une épreuve de devoir le faire signer à mes parents.

Il y avait toujours le même rituel : je le montrais d'abord à Maman en expliquant d'une petite voix que je n'y arrivais pas. Maman avait alors cette phrase terrible « Attends que ton père arrive » ;

Le carnet restait dans le salon jusqu'à ce que mon père m'appelle ; il relatait rapidement les résultats et sans que je puisse trouver les mots pour exprimer ma détresse, les punitions par ce qu'on appelle aujourd'hui des châtiments corporels, tombaient !

Je me sentais à la fois humiliée et incomprise ; je repartais dans ma chambre les fesses et les cuisses rouges, avec le fameux bulletin de notes signé !

Je ne m'en rappelle pas, car je ne l'avais jamais vu faire, mais mon frère, avait eu droit lui, aux coups de ceinture !

Je me souviens également d'une altercation entre eux deux terriblement violente ; Mon frère devait avoir 19 ans. C'était l'inévitable conflit de génération à l'âge de l'adolescence, mais ce jour-là, j'ai cru qu'un malheur allait arriver !

Mon père était devenu comme fou furieux : incontrôlable physiquement ; les coups tombaient et Eric s'en protégeait comme il pouvait ; Je me suis précipitée dans ma chambre et pensait appeler la police. Mais choquée, je restais recroquevillée et tremblante pour mon frère.

Aujourd'hui et probablement jusqu'à mon dernier souffle, je ne peux supporter aucune violence physique d'un parent à son enfant et la violence en général bien sûr.

C'est tellement lâche, « facile », négatif, contre productif et nul.

Du parent qui frappe, c'est la démonstration lamentable de son échec à parler, écouter, expliquer, accompagner ; c'est peut-être aussi et malheureusement sa propre expérience qu'il reproduit même s'il en a souffert lui-même.

J'avais bien tenté de faire comprendre à mes parents que je ne voulais pas rester dans le cycle des études classiques ; je m'y ennuyais, il me manquait une autre forme d'enseignement. j'aurais tellement voulu rejoindre un établissement où la dimension des cours aurait été égale à l'apprentissage d'une formation.

J'étais attirée par les très jeunes enfants et j'aurais pu suivre un enseignement de puéricultrice ou d'éducatrice pour jeunes enfants ?

Mais à l'époque, parler de lycée professionnel, était juste inconcevable, socialement parlant pour mes parents !

Que dirait Maman à sa « bonne amie » dont la fille préparait médecine ?

J'étais également très attirée par le monde du spectacle : J'adorais chanter, danser, jouer la comédie et écrire aussi…

Un jour, je rencontrais un garçon : Eric vivant en Sologne où je me rendais régulièrement, car mes parents y avaient acheté une petite maison ayant appartenue à la famille de Michel Delpech dont quelques chansons comme « Le Loir-et-Cher et le chasseur » y font référence.

Physiquement, il ressemblait à un mélange de Gérard Lanvin et de Jean- Michel Jarre. Il était passionné de chevaux. Lorsqu'il venait me chercher sur son cheval blanc, j'étais émerveillée. Nous faisions de jolies balades ensemble, où il me faisait découvrir des coins magiques où je pouvais apercevoir des biches.

Il avait décidé de suivre l'enseignement du « CLCF » (Conservatoire libre du cinéma français) pour devenir régisseur ; Il m'avait vanté l'excellence de cette école où j'avais pris des renseignements ; le métier de scripte m'était alors apparu comme idéal.

Avec enthousiasme, j'en parlais à mes parents : il n'en fut bien évidemment jamais question ! Le cinéma ? Le monde du spectacle ? Cette vie de saltimbanques qui galèrent toute leur vie ?

Pour la petite histoire, Eric devint effectivement, régisseur, puis producteur : « Les Ch'tis » ça vous dit quelque chose ?!

L'année du baccalauréat arriva ; J'avais 17 ans : mes parents m'avaient mise dans un autre cours privé du 8ᵉ arrondissement. Je savais à l'avance que je n'aurais que peu de chance d'avoir mon BAC même avec les quelques points rapportés en français l'année précédente cela ne suffirait jamais à atteindre la moyenne pour décrocher le diplôme.

En revanche, sur le point sentimental, ce fut une année importante, car je croisais à certains cours n'étant pas dans la même section, un garçon qui ne me rendait pas indifférente. Il n'était pas très grand, mince, brun avec des yeux noisette. Il avait un regard pétillant et un très joli sourire. J'avais également été attirée par ses jolies mains dont les doigts étaient longs et fins. Il s'appelait Stéphane.

À l'époque, j'étais très timide et mal dans ma peau.

Je n'arrivais pas à lui parler directement ; je dessinais des cœurs et écrivais ces initiales sur mes cahiers jusqu'au jour où, assis derrière moi, il s'était penché en me disant de son plus beau sourire : « Il n'a pas les mêmes initiales que moi lui ? »

Il habitait avec son père et sa sœur à Levallois-Perret dans un joli petit appartement. Un jour, alors que nous n'avions cours que le matin, je devais l'y retrouver en début d'après-midi.

Je m'étais préparée à ce rendez-vous, car il avait choisi un moment où nous serions tous les deux seuls chez lui.

Nous avions déjà flirté ensemble, mais rien de plus.

J'avais mis du temps à choisir les vêtements que j'allais mettre ;

Il faut dire que je n'avais pas une garde-robe très reluisante :

L'achat de vêtements « à la mode »n'étant pas dans les priorités de maman. J'enviais les tenues des autres filles, dont une de ma classe dont j'aimais le style et qui une fois ou deux, m'avait vendu pour quelques francs, des affaires qu'elle ne mettait plus.

....

J'ai véritablement souffert de cette situation ! L'image qu'on renvoie est tellement importante à cet âge où la personnalité n'est pas encore forgée... Je n'avais du reste jamais d'argent sur moi ou très peu. L'argent de poche et les quelques baby-sittings que je faisais n'étaient pas suffisants pour m'acheter des vêtements qui me faisaient envie ;

Je ne peux pas dire que nous manquions d'argent, mais que peut-être parfois, c'était juste, ou alors pour maman, les vêtements à la mode pour une ado n'avaient possiblement pas d'importance ?

J'entendais Papa dire régulièrement à Maman qu'il « espérait pouvoir faire ses échéances en fin de mois ».

Alors, lorsque nous allions au restaurant et que l'addition arrivait, je guettais avec attention la moindre réaction d'inquiétude de Papa. Mais il n'y en avait pas.

Mes sensations de manque m'ont beaucoup marquée et je sais à présent que si j'ai une tendance à l'achat sans qu'ils soient pour autant excessifs ni très onéreux depuis que j'en ai les moyens, c'est pour ne plus jamais les ressentir. C'est pouvoir assouvir le besoin et le plaisir d'avoir le choix, d'avoir la tenue vestimentaire appropriée, les chaussures assorties. Me sentir bien en toutes circonstances et surtout ne plus jamais éprouver cette sensation d'embarras.

Dans le même esprit, j'ai un besoin absolu de faire plaisir et je supporte mal de savoir un ou une amie dans le besoin. Ma générosité légendaire m'a coûté parfois beaucoup d'argent ;

Par deux fois, cela aura aussi servi à m'offrir un beau couteau dans le dos !.

Heureusement, je sais que j'ai contribué à sortir de difficultés des proches et j'en suis fière sans pour autant penser que ce n'est pas normal puisque je le pouvais.

Je me dis également que de toute façon, tout va s'arrêter un jour et qu'il faut absolument profiter de la vie. Et moi, ma vie, je ne peux pas la vivre sans tendre la main vers les autres.

....

Les sous-vêtements étaient donc également très importants : je voulais absolument me sentir impeccable hygiènement parlant, au moment où je devrais les dévoiler.

Alors, pour se faire, j'avais décidé de mettre deux culottes !!

À la dernière minute, je simulerais l'envie d'aller faire pipi pour ôter la première et ne garder que la seconde ;

Nous étions dans sa chambre et nous flirtions ; doucement il commença à déboutonner mon chemisier en continuant à m'embrasser ; mes mains n'osaient pas lui ôter la sienne, ce qu'il fit lui-même. Je sentais le moment ultime arriver où il m'allongerait après avoir retiré ma jupe. Je lui fis comprendre que je devais aller aux toilettes ; rapidement, je m'enfermais et faisais l'échange des culottes.

Quelques minutes après, en ayant pris soin de tirer la chasse d'eau, je sortais des toilettes mon slip dans ma main fermée.

Juste avant de le rejoindre sur le lit, je le glissais rapidement dans mon panier posé au sol.

Avec une infinie douceur, en prenant son temps et en me rassurant, il finit de me déshabiller et je fis l'amour pour la première fois. Ce fut un moment délicieux, où le plaisir prit le pas sur la crainte.

L'après-midi était passée. Nous nous étions sommairement rhabillés et alors que nous étions dans les bras l'un de l'autre, son chien un teckel nommé Okapi, rentra dans sa chambre et sauta sur le lit. Après quelques caresses au toutou affectueux, Okapi redescendait pour gambader dans la pièce.

Au bout de quelques minutes, alors que nous ne faisions plus du tout attention à lui, Stéphane prêta l'oreille entendant son chien faire de drôles de bruits ; il se souleva alors que je restais couchée et l'entendais dire à Okapi : « et alors mon chien, qu'est-ce qu'il y a ? qu'est-ce que tu as là ? donne Okapi, apporte ! »

Avec curiosité, je me soulevais à mon tour pour voir son chien secouer la tête comiquement avec effectivement quelque chose dans la gueule : Stéphane arriva à lui prendre et déplia le morceau de tissu. Avant que je puisse faire quoique ce soit, je comprenais avec horreur de quoi il s'agissait ! :« mais, c'est une culotte ? » s'exclama Stéphane , c'est à toi Julie ? (il m'appelait ainsi).

Ce crétin de chien avait été la renifler et la trouver dans mon panier ! Embarrassée, je bredouillais un « mi oui mi non » mais fus sauvée par le bruit de la porte d'entrée de l'appartement qui annonçait l'arrivée de sa sœur.

Terminale terminée

J'avais passé les épreuves du BAC péniblement en essayant de tout donner dans le peu de matières que j'aimais.

Mes parents m'avaient ensuite organisé un séjour à Londres dans la famille d'une de leur connaissance, pour parfaire la langue de

Shakespeare : le départ intervenait avant les résultats !. C'est dire s'ils ne se faisaient aucune illusion.

Je devais rester 15 jours sur place, mais à l'annonce sans surprise de l'échec du BAC, ils n'avaient pas souhaité que je rentre comme prévu et avaient prolongé mon séjour sans me consulter.

J'avais ressenti alors comme une blessure : on n'avait pas envie que je rentre.

Comme il n'était pas question que je repique ma terminale, mes parents m'avaient fait comprendre que je devais me trouver un travail à partir de la rentrée suivante, car aucune formation en quoique ce soit n'était envisageable.

J'ai perdu de vue Stéphane ; il était très compliqué voir impossible de poursuivre la relation, car malheureusement, une odeur de cannabis, s'était un jour fait sentir dans ma chambre. « Mon dieu, un drogué » !

À partir de ce jour, il était devenu « persona non grata » et il devait user de toutes les inventions ou stratagèmes, pour arriver à me voir.

Une fois, j'entendis comme des petits chocs aux vitres des fenêtres de chambre. Je l'ouvris et à ma grande surprise, je vis Stéphane en planque dans un arbre qui arrivait à la hauteur des fenêtres du 3e étage, où l'appartement se trouvait.

J'avais trouvé son acte tout aussi héroïque que romantique.

Tant que j'habitais chez mes parents, les règles étaient strictes. Les visites d'amies étaient comptées, aucun petit ami ne dormait à la maison et je devais rentrer avant minuit, les soirs des week-ends.

Lorsque j'eus 20 ans, c'était l'époque de « Boums » qu'organisait la mairie du 16e arrondissement, les samedis soir.

En m'y rendant un jour, je fis la connaissance d'un garçon grand, mince et charmant. Il s'appelait Guy : Il conduisait une petite « Auto Bianchi » bleu marine avec un toit blanc.

Lorsqu'il venait me chercher, il ne manquait pas de monter pour saluer ma mère en lui faisant un « baisemain ». Il était d'une famille noble.

Entre son physique, son éducation et son nom à rallonge, mes parents « buvaient du petit-lait », alors que lui préférait nettement le whisky, LOL.

Il était souvent accompagné d'un ami qui s'appelait JC et que je n'aimais pas beaucoup. Il avait ce, je-ne-sais-quoi, de violent et dominateur et je sentais bien que mon petit copain était à sa botte.

Un samedi, j'apprenais par une copine à la dernière minute, que la soirée de la mairie avait lieu à un autre endroit ; J'avais rendez-vous avec Guy et ces acolytes habituels. Les portables n'existaient pas et malheureusement, ils n'eurent pas l'information comme moi.

Ils arrivèrent donc beaucoup plus tard à la soirée. Sans que j'aie le temps de dire « ouf », JC arriva sur moi et me gifla en me reprochant de ne pas les avoir prévenus ! Guy sembla juste un peu contrarié en disant trop timidement à mon goût à son pote, que ça ne se faisait pas...

Un soir, alors que nous étions dans l'appartement des parents absents de Guy, nous étions 4 dans le salon, à écouter de la musique, manger des pizzas et boire. Les garçons manquant de whiskies, Guy se proposa d'aller en chercher dans une épicerie ouverte la nuit.

Je restais seule avec le frère aîné de Guy et JC.

Ce dernier était assez éméché pendant que l'autre roupillait à moitié sur le canapé. Jusqu'au moment où il voulut danser avec moi. Je refusais poliment, prétextant être fatiguée et je me levais pour rejoindre la cuisine afin de boire un peu d'eau, mais, il me suivit et m'entraîna dans une petite pièce qui devait être un bureau.

En me tenant les mains, il me força à m'asseoir sur un fauteuil ; puis, il ouvrit sa braguette et sortit son sexe en érection qu'il mit de force dans ma bouche ;

Je fus à la fois effrayée et horrifiée de ce qu'il m'obligeait à faire. Je n'avais, de plus, jamais expérimenté cette pratique sexuelle qu'est une fellation. Je me suis exécutée sous la contrainte d'un homme alcoolisé qui pouvait devenir brutal.

Au bout d'un moment qui me parut infini, il libéra ma bouche et quitta lourdement la pièce.

Lorsque Guy rentra et après m'avoir cherché, il me trouva recroquevillée et tremblante au même endroit. Alors qu'il me demandait ce que j'avais, je le suppliais de me raccompagner chez moi ;

Dans la voiture, il fit tout ce qu'il put pour me réconforter et savoir ce que j'avais, sans que j'arrive à lui dire ce qu'il s'était réellement passé.

Je n'ai jamais parlé à personne de cet abus sexuel ; c'était pour moi, je pense, la meilleure façon d'oublier !

Je n'ai jamais oublié, je l'ai juste occulté...

De cette expérience douloureuse, j'en ai gardé quelques réflexes comme l'intolérance totale de me sentir menacée par qui que ce soit ainsi que d'être avec un homme alcoolique.

Dans ma vie intime, si mon compagnon est trop pressant alors qu'il a envie de faire l'amour ou qu'il veuille que je lui fasse une fellation justement ou tout autres pratiques sexuelles et que je ne le souhaite pas, je peux me révéler verbalement cassante, me fermer complètement et le rejeter.

Après avoir brillamment loupé mon BAC, il a fallu que je trouve un travail ; n'ayant aucune idée, j'avais commencé par m'inscrire dans une agence d'hôtesse d'accueil pour travailler sur des salons professionnels.

Lors de mon premier entretien dans une agence huppée du 7e arrondissement, j'avais été reçue par une femme blonde très sophistiquée, les cheveux raides coupés au carré et retenus par un serre-tête au cas où un cheveu aurait glissé le long de son visage. Elle me posa quelques questions puis me demanda de me lever ;
Mes 1,71 m et mon tailleur jupe bleue semblaient satisfaire jusqu'à ce qu'elle arrive à la hauteur de mon visage et me demande :
« Vous êtes comment quand vous êtes coiffée ? »

Là, j'ai fait un effort surhumain pour ne pas lui répondre qu'entre ces 10 cheveux raides et ma chevelure abondante, elle n'avait pas effectivement elle, pas de questionnement à se faire, pour se coiffer !
Mes cheveux blonds mi- longs étaient naturellement bouclés et lâchés.
Il fut donc décidé que je dégagerai au mieux mon visage en retenant mes cheveux de chaque côté avec une barrette.
Pour mon premier salon professionnel, j'eus l'impression de me retrouver avec une fratrie de « barbies » hôtesses ! : Les filles se ressemblaient de façon étonnante, elles avaient toutes les cheveux raides avec des peignes ou des barrettes, quand ceux-ci étaient longs.

Je faisais donc le salon de l'automobile avec auparavant une petite formation prévue sur les aménagements et la mécanique d'une voiture.

Une espèce de macho nous prenant probablement pour un élevage de quiches, commençait à m'agacer avec sa méthode d'enseignement :

Il semblait réfléchir longuement puis avec la probable certitude que nous ne pourrions pas répondre il lançait :

– « Et je pose la question : à quoi sert la pédale d'embrayage ? »
Il attendait la bonne réponse avec un petit sourire narquois et il enchaînait :
– « Et je pose la question, où se trouve le réservoir de liquide d'essuies glaces ?
– « Et je pose la question : à quoi servent les pistons ? »
Là, je ne pus m'empêcher de répondre à mi-voix avec le petit ton snob d'usage :
– « et je pose la question : qu'est-ce qu'on en a à foutre ? »

Certaines pouffaient de rire pendant que d'autres semblaient s'étouffer dans leur carré Hermès !

Le salon de l'Automobile avait ouvert ces portes ; j'étais sur le stand d'une série limitée pour une marque française avec des hommes beaucoup plus intéressés pour s'asseoir dans la voiture à côté de moi que de s'adresser directement aux commerciaux.
Et puis un jour, je fis un salon médical au Palais des Congrès de la porte Maillot : j'étais sur le stand d'un tout nouvel appareil d'écho-doppler.

La société que je représentais avait loué une chambre à l'hôtel Méridien voisin, afin de pouvoir démontrer en conditions optimales, les possibilités de cet appareil révolutionnaire.

Si la matinée s'était passée sans encombre, l'après-midi fut un peu déroutante. Le responsable du projet était venu me voir pour me demander de remplacer « l'hôtesse accompagnante ».
Il me pria donc de conduire le prochain client qui demanderait une démonstration.

Environ une heure après, le commercial s'approchait de moi avec un visiteur qui souhaitait en savoir plus ; je devais donc l'accompagner jusqu'au lieu de la démonstration.

Nous avions traversé le hall du palais des congrès et rejoint le bâtiment de l'hôtel Méridien par un couloir.

Et alors que nous passions devant la réception, j'éprouvais une sensation désagréable et gênante : j'étais en compagnie d'un homme pour aller dans une chambre d'hôtel !

Il fallait absolument que je donne le change afin que toutes les personnes présentes qui me voyaient faire, ne puissent pas croire l'impensable !

Je décidai de m'approcher volontairement d'un des réceptionnistes et de lui demander de me confirmer le numéro de la chambre de la Société. Comme j'avais absolument besoin de me justifier, je rajoutais à la hâte, « c'est pour la simulation d'Échographie »...!!

Je me rendis rapidement compte que je n'obtenais pas véritablement l'effet escompté. Le réceptionniste émis un sourire poli que je soupçonnais légèrement ironique.

Sans demander mon reste, je rejoignis mon client et m'engouffrais rapidement dans l'ascenseur.

Je n'ai jamais trouvé aussi long que les couloirs de cet hôtel ; la chambre 227 me paraissait à des kms et flanquée de cet homme qui me suivait de près, j'espérais croiser le moins de monde possible.

Quand j'arrivais enfin devant la porte, je l'ouvris et nous rentrions. Là, à mon grand émoi, à part un lit double, un bureau et l'appareil d'échographie posé sur une petite table, il n'y avait personne ! Je me retrouvais seule avec cet inconnu.

Je ne savais pas quoi faire et j'essayai alors de me recaler sur mon travail d'hôtesse d'accueil en donnant le change et je m'entendis avec horreur lui proposer de se déshabiller!!

Heureusement, au même moment, la porte s'ouvrit et le médecin radiologiste, accompagné d'un commercial de l'entreprise, firent leur entrée.

Je commençais à me remettre de mes émotions, lorsque le médecin se tourna vers moi et me demanda d'aller m'allonger!! Face à ce qui devait être un visage horrifié et un corps totalement figé, il me rassura en m'expliquant que l'appareil en mode Doppler, allait juste être passé sur l'une de mes jambes.

Je comprenais alors, tout le sens d'une « hôtesse accompagnante ».

Les missions de salons professionnels ne suffisant pas financièrement, je recherchais un travail et c'est tout à fait par hasard, que je commençais à travailler dans la vente.

Après avoir déjeuné chez mes grands-parents maternels, je me baladais dans la petite rue commerçante « d'Auteuil » à côté de chez eux;

En arrivant à la hauteur d'une boutique de « Sportwears », je tombais sur une annonce qui recherchait une vendeuse. Curieuse, je regardais à l'intérieur du magasin sans oser rentrer et au même moment, un petit monsieur brun au teint mat sortait sur le perron.

« Bonjour mademoiselle, je peux vous renseigner? »

« Euh, oui, bonjour monsieur, vous cherchez une vendeuse? »

Ce fut le premier échange de celui qui allait devenir mon patron pendant 2 ans : Monsieur Zerbib. Je n'avais pas d'expérience et j'étais timide, mais j'ai dû avoir les bons arguments comme une parfaite connaissance du quartier ainsi qu'un intérêt prononcé pour la mode. La boutique n'était pas très grande, mais il y avait quand même 3 cabines d'essayage.

J'ai rapidement appris les tailles américaines et les différentes longueurs de jambes, ainsi que toutes les formes des Jeans de la marque « Wrangler » ; la boutique proposait également des chemisiers et des polos de la même marque ainsi que des tee-shirts « Fruit of the loom ».

Au fur et à mesure des jours, mon patron commençait à me laisser seule, car il se partageait entre 2 magasins préférant être plus présent dans l'autre. Parfois pour une demi-journée puis, des journées entières.

Au bout de quelques semaines, j'ouvrais la boutique et je la fermais. Tout se passait bien à part la caisse à faire en fin de journée qui était devenue ma hantise, car elle devait tomber aux centimes près !

Lorsque mon patron était présent et qu'il la faisait, je priais le ciel pour que les comptes tombent justes sinon il se tournait vers moi avec un regard noir menaçant comme si j'avais fait « des prix » derrière son dos ou à l'inverse, si je m'étais trompée dans le rendu de la monnaie.

Au bout de deux ans, je quittais la petite rue d'Auteuil, pour aller travailler chez « Tunmer » place St Augustin dans le 8e arrondissement. C'était une grande boutique de luxe sur le thème du sport et tenue de week-end.

Au sous-sol c'était l'équitation, au rez-de-chaussée gauche : Week-end homme, à droite pour les femmes et à l'étage, tennis, golf et ski l'hiver.

J'avais affaire à une clientèle exigeante mais assez diversifiée.

Des femmes du Moyen-Orient arrivant avec un chauffeur qui les déposaient au pied de la boutique.

Elles ne prenaient pas le temps d'essayer : Elles parcouraient les rayons suivis de la responsable du magasin, à qui elles désignaient tous les articles qu'elles voulaient.

Moi qui avais à peine les moyens de m'acheter une de leur paire de chaussettes, j'étais abasourdie d'autant de moyens financiers.

Un jour, une femme d'un certain âge (probablement le mien aujourd'hui!), voulait un ensemble pantalon chemisier. Elle était un peu forte et pas très grande;
J'avais tout de suite remarqué une attitude un peu agressive. Je la guidais vers ce qui me semblait pouvoir lui aller au mieux.

Une fois dans la cabine pour les essais, impossible de l'en faire sortir. Elle avait essayé plusieurs tenues différentes sans que je puisse la voir dedans. C'était compliqué pour argumenter. Elle me demandait le pantalon dans une forme différente, le chemisier dans une autre taille; l'ennui est qu'elle commençait à accumuler beaucoup de vêtements en cabine et que nous n'avions pas le droit de laisser la cliente avec plus de 3 articles.

Je lui demandais de bien vouloir me redonner ce qu'elle ne voulait plus. Aucune réaction; une deuxième fois, je réitère ma demande lui expliquant que la direction imposait qu'il n'y ait pas plus de 3 vêtements en cabine et je rajoute afin d'adoucir les choses, qu'elle aura ainsi plus de place. Alors oui, elle me rendit les vêtements, mais pas en me les donnant à la main par le rideau, mais en les jetant par-dessus le haut de la cabine!

Là, mon sang ne fit qu'un tour : Je ramassais les vêtements et je les renvoyais par le même chemin. Comme l'espace dans la cabine était restreint, il est fort à parier qu'elle a dû se les prendre sur la tête!

Ne demandant pas mon reste et en entendant son exclamation, je descendis voir la responsable de caisse qui était une femme avec une grande personnalité, beaucoup d'humour et qui ressemblait à Jacqueline Maillant.

Je lui expliquais rapidement le problème et d'un grand rire étouffé, elle me rassura me disant qu'elle connaissait bien « l'engin ».

L'incident fut clos sans aucun problème pour moi.

Un jour, j'ai eu la chance de m'occuper de Jean-Paul Belmondo qui cherchait un short de tennis et à qui j'avais apporté en cabine l'article mais avec 2 tailles au-dessus de la sienne, car le short avait dû être mal rangé.

Au lieu de râler ou de faire un scandale comme d'autres auraient pu le faire, il est sorti de la cabine avec le short beaucoup trop grand sur lui en faisant le clown et en disant « ça y est, mon image de play-boy est fini »...

Un autre jour, j'aperçois un jeune homme qui avait littéralement le nez dans des blousons. Je m'approche en lui demandant s'il avait besoin d'aide et je me retrouve face à un Francis Huster qui semblait avoir autant de difficultés à voir de près comme de loin ;

Au moment où il se dirigeait vers l'escalier, n'ayant pas trouvé son bonheur, j'espérais qu'il était également un peu sourd parce que j'étais très émue de l'avoir vu et que je lui avais dit « au revoir madame ».

Au bout de 3 ans, la vente commençait à me lasser ; je me suis donc lancée dans une reconversion de « Secrétaire Commerciale et Administrative » à l'IFOCOP (Institut de Formations Commerciales Permanentes).

J'étais en cours le matin et en stage l'après-midi. Mes cours avaient lieu à Versailles et le stage à Paris dans le 18ᵉ arrondissement; Je partais à 7h15 du matin de Boulogne et rentrais vers 19h le soir.

C'est un cabinet d'assurance qui me prit en stage : une petite agence assez tranquille où il n'y avait que moi, en plus de l'assureur.

Je devais répondre au téléphone, enregistrer les différents sinistres et vérifier leur contrat d'assurance; je pouvais être seule plusieurs heures par jour, lorsque mon patron devait se rendre en clientèle.

Un jour, le téléphone sonne et je me trouve en ligne avec un monsieur assez âgé qui appelait pour un sinistre habitation. Il m'explique qu'il a fait une mauvaise chute chez lui. Tout se passe parfaitement bien jusqu'au moment où il me dit :

« Vous comprenez mademoiselle, j'étais en train de descendre les marches de mon escalier en me tenant bien et voilà que la rampe se décroche, alors forcément, je suis parti avec... »

Immédiatement en imaginant la scène, je suis prise d'une très forte envie de rire; je lui bafouille un « ne quittez pas s'il vous plaît » afin de le mettre en attente pour pouvoir rire librement. Le pauvre monsieur dut attendre de longues minutes avant que j'arrive à le reprendre, heureusement sans encombre. J'avais eu peur que mon patron arrive et me trouve pliée en deux de rire avec le téléphone décroché; c'eût été catastrophique pour mon stage de fin de formation.

Ma session terminée, je devais trouver mon premier travail en entreprise et c'est une agence de publicité médicale qui me prit. Les bureaux se trouvaient à Boulogne; C'était une filiale médicale spécialisée de la grande agence de Pub « Young & Rubicam ».

J'étais prise en tant que secrétaire d'accueil. Je me trouvais à l'entrée du hall de l'agence pour faire l'accueil physique et téléphonique; j'avais également des courriers à taper sur des machines à écrire électroniques ainsi que les différents rapports des médecins dont l'écriture était toute aussi compliquée que leurs écrits.

Je découvrais le monde de la publicité que j'appréciais, car tout le monde se tutoyait et que l'ambiance studieuse n'en restait pas moins décontractée.

Par contre, les premières semaines furent un peu compliquées en ayant du mal avec le nom de famille d'un des responsables de l'agence qui s'appelait « Pette ». En plus, l'une de ses assistantes à l'époque s'amusait à l'appeler dans les couloirs uniquement par son nom de famille ; on entendait « Pette, Peeeeette ? ».

Fort heureusement, au bout d'un moment, je m'étais habituée et je m'amusais des personnes qui l'appelaient au téléphone et qui faisaient comme s'ils cherchaient son nom, afin de me laisser le prononcer à leur place.

Une fois, un petit monsieur arriva à l'agence :

« Bonjour mademoiselle, j'ai rendez-vous avec Mr Pette ».

En mon for intérieur, je note qu'enfin ce monsieur prononce le fameux nom de famille.

Je saisis le téléphone en faisant le numéro de poste de Pascal et je lui demande :

« Bien sûr, vous êtes monsieur ? »

« Cucufa »...

Là, une horrible brûlure d'effroi et de rire nerveux envahit tout mon corps. « Cucufa » qui rencontre «Pette», c'était trop.

Sans donner le temps à Pascal de répondre, je raccroche subitement en lâchant « il n'est pas là » puis je me lève et fonce en direction des toilettes au bout d'un couloir de l'agence.

Fort heureusement, je n'ai pas eu à le revoir : Entendant son poste sonné puis raccroché, Pascal curieux avait eu la bonne idée de sortir une tête de son bureau qui était le premier du couloir à côté de l'accueil et alla chercher son client.

Après ce premier pas dans le monde de la publicité spécialisée, j'ai continué en rentrant chez « Médias », un magazine fondé en 1980 par le publicitaire Eudes Delafon, qui couvrait l'actualité des médias en partant d'un terrain précis : la publicité.

Je travaillais au service des abonnements et j'avais affaire à de nombreuses agences ou entreprises ;

Chaque jour, Eudes Delafon venait saluer tous ces employés, bureau par bureau. L'hiver, il portait un bonnet de laine bleu ciel probablement tricoté maison. C'était fun. Tout le monde se tutoyait.

Nous travaillions à 6 dans le même bureau. Les appels nous arrivaient par l'accueil qui « dispatchait » selon la demande de l'interlocuteur ou si le poste était tout simplement libre.

Un jour pour nous amuser, nous décidions que la prochaine qui recevait un appel sur son poste, devait obligatoirement prononcer dans la conversation un certain mot :

Bien évidemment, le mot en question pouvait être : bidet, courgette, sardine, culotte ou autres propositions loufoques, la difficulté résidant bien sur à trouver le bon enchaînement pour le placer dans la conversation.

Pour moi, l'improvisation était assez aisée, le plus dur étant de garder mon sérieux.

1 an après, le magazine supportant de gros problèmes économiques (j'adore l'enchaînement, non, non ce n'est pas à cause du service abonnements), Eudes étant un excellent publicitaire, mais un financier désastreux, devait licencier avant de devoir fermer définitivement.

J'étais la dernière rentrée, mais j'étais tout juste enceinte. Alors, la direction qui m'appréciait beaucoup, m'avait donc licenciée économique sur Médias, mais reprise sur l'autre création d'Eudes, qui était un magazine spécialisé dans la grande distribution : « Cash Marketing ».

Je changeais d'immeuble et je travaillais cette fois comme chef de pub junior pour le monde de la grande distribution qui à part quelques rares personnalités toute aussi intelligentes que fines comme Michel-Édouard Leclerc, je découvrais un monde de « gros lourds ». Si le porte-monnaie était pour certains bien plein, ils étaient eux, vides d'élégance et d'éducation ;

J'étais chef de pub, c'est-à-dire en relation avec les annonceurs qui recrutaient et en charge des pages d'offres d'emploi du magazine. J'aimais ce job qui n'était pas simplement de la vente d'espace, mais un relationnel intéressant avec en autres, les chercheurs d'emplois.

Au fur et à mesure des mois, mon ventre s'arrondissait et je m'amusais à y poser un pot de crayons pour montrer à mes collègues de travail exclusivement masculins, quand mon bébé bougeait !

Mes journées étaient assez denses. Je prenais le métro avec un changement pour rejoindre St Lazare. Lorsqu'il y avait trop de monde pour que je sois assise, je me plaçais près des portes afin de protéger mon ventre et pour que je puisse également sortir facilement.

Les jours du bouclage du journal, c'était souvent la course, car je devais porter mes pages à l'imprimerie qui était dans un immeuble voisin.

À la fin du 8e mois, je venais d'arrêter de travailler et le lendemain un samedi, je recevais à déjeuner un couple d'amis. Je ressentais des petits tiraillements vers le bas de mon ventre, qui durant l'après midi, se renouvelaient souvent. Le mari de mon amie m'avait même signalé qu'il avait remarqué que ces tiraillements étaient très réguliers.

Le soir nous devions mon mari et moi, aller diner à Garches chez

Patrick & Fabienne, un couple de mes amis qui pour la petite histoire avaient été eux-mêmes des amis de longue date; ils se voyaient ou s'appelaient régulièrement et chacun rapportait à l'autre ces déboires sentimentaux. Jusqu'au jour, où ils se retrouvèrent tous les deux célibataires et s'aperçurent qu'ils étaient faits pour être ensemble;
J'ai trouvé leur histoire toute aussi romantique que touchante.

En fin d'après-midi, juste avant de nous y préparer, nous décidons quand même de passer à la clinique où je devais accoucher, afin de signaler simplement ces petits tiraillements; une infirmière me reçoit rapidement, m'examine et me dit :
« On vous garde, c'est pour ce soir! »; j'ai cru que j'allais m'évanouir, en réalité, c'est pratiquement tout le travail qui s'était fait un peu plus tôt.

Je me souviendrais toujours de ma conversation téléphonique avec Patrick à qui je disais que j'étais désolée, mais que je ne pouvais pas venir dîner car... j'accouchais!!!
Je crois qu'à la fois ému et surpris, il m'avait répondu quelque chose comme « bah oui, c'est sûr que là, le dîner est compromis »;

Pendant que Bernard retournait vite me chercher tout ce dont j'allais avoir besoin et pouvoir être présent à l'arrivée de notre bébé, j'attendais allongée dans une petite salle d'examen.

Un accouchement avait lieu juste à coté : j'entendais hurler une femme et le médecin lui dire « posez les fesses madame Machin, je dois sortir le bébé! ».
J'étais à la fois amusée d'imaginer la scène et un peu angoissée.
Je caressais mon ventre en me répétant « chaque femme est différente, tout va aller bien ».

.../...

Enceinte de 4 mois ½ et alors que j'étais en moto derrière mon mari, celui ci n'a pu éviter une voiture folle qui faisait un demi-tour soudain dans un tunnel!

Je tombais en arrière heureusement et me réveillais plus tard dans une ambulance. Transportée à l'hôpital de Suresnes, une échographie révéla à mon grand soulagement, que mon bébé allait bien. J'avais tellement eu peur de le perdre ou de l'abîmer.

.../...

Mon tout petit bonhomme est arrivé en 20 minutes!

Hugues 2,4 kgs venait d'apporter à mon statut de femme, l'heureuse appellation de Maman.

Mes parents, arrivés à la hâte de Sologne, avaient pu le voir dans sa couveuse ainsi que Bernard et tout le monde était heureux et ému.

Je fus transportée dans une pièce qui allait me servir de dortoir pour la première nuit, car aucune chambre n'était disponible!

Mes parents et mon mari étaient partis fêter l'événement et Hugues était en couveuse. Je me retrouvais seule. J'avais envie d'avoir mon bébé contre moi; tout avait été si vite! Je venais de m'arrêter de travailler et je n'avais pas pris un seul cours de préparation à l'accouchement, comme quoi! Au moment où il fallait pousser, j'avais tout de même demandé au médecin comment faire au mieux. Elle m'avait conseillé d'émettre des petits souffles rapides...

Je suis restée peu de jours à la clinique et j'ai juste subi un bel orage émotionnel et hormonal qu'on appelle baby-blues.

Avec la naissance de mon premier enfant, j'ai eu la sensation d'exister plus intensément encore. L'impression d'être sur terre pour quelque chose de fort, d'unique.

Donner la vie, c'était pour moi essentiel, inéluctable, magique, épanouissant.

2 ans auparavant, nous vivions ensemble avec Bernard et je travaillais à Suresnes. Lorsque mes règles ne sont pas arrivées comme prévu, j'avais été faire un examen de contrôle dans un laboratoire d'analyses près de mes bureaux. Le résultat avait été négatif.

Quelques semaines plus tard, alors que je présentais quelques troubles bizarres, Maman me prit rendez-vous avec le mari gynécologue-accoucheur d'une de ces amies. Lors de la consultation, il n'hésita pas longtemps et m'envoya faire immédiatement une analyse de sang. Le résultat ne se fit pas attendre : j'étais enceinte. Un accident de préservatif, car nous en utilisions à l'époque et surtout une belle erreur de diagnostic du premier laboratoire.

Je n'ai pas eu le temps de me réjouir ; si mes parents ne voyaient pas d'un trop mauvais œil l'arrivée d'un bébé avant le mariage, Bernard prit ça très mal. Il pensait malheureusement que je lui faisais « un enfant dans le dos » !!!

Très amoureuse de lui et ne voulant pas priver mon tout premier enfant d'un père, je me résolus péniblement à devoir avorter avec autant de tristesse que d'émois.

Maman m'accompagna heureusement pour vivre cette journée très pénible. Je n'oublierais jamais cette sensation de détruire la vie dans mon ventre lorsque l'infirmière m'injecta dans un premier temps le produit.

Quelques heures plus tard, on m'endormait pour aspirer le fœtus mort.

J'avais envie qu'on m'aspire avec : c'était pour moi insoutenable. De plus, je me souviens que le corps médical présent n'était pas très bienveillant ; je crois que c'est parce que j'avortais tardivement.

Deux ans ½ après la naissance de Hugues, je donnais naissance à mon deuxième petit garçon, cette fois-ci au 9ᵉ mois.

J'accouchais et en 1 heure à peine, mon petit bonhomme était né !

Il y avait juste eu une manipulation de l'infirmière sur mon ventre à chaque contraction quand je poussais, car mon bébé était placé un peu en travers.

Mon Thibault était arrivé et faisait également tout mon bonheur.

Mes adorables têtes blondes étaient très différentes tout en se ressemblant ;

Si Hugues avait la forme de mon visage et mes yeux verts, Thibault ressemblait plus à son Papa avec sa peau claire, ses cheveux très blonds et ces yeux bleus.

Ils étaient magnifiques tous les deux ; aujourd'hui encore et immanquablement jusqu'à la fin de ma vie, je serais fière d'avoir eu mes deux grands garçons.

S'ils ont inévitablement et comme partout, récoltés quelques défectuosités héréditaires, comme l'hyper sensibilité, l'émotivité, ou le manque de confiance, ils sont profondément bons, gentils, drôles et intelligents.

Je les ai certes beaucoup couvés, mais je préfère avoir été excessivement présente, que trop absente...

Et si j'ai contribué (sûrement d'après mon ex-mari !!) à ce qu'ils aient du mal aujourd'hui à prendre leur envol professionnel, j'ai pleinement réussi dans leur éducation, car ils sont profondément respectueux et attentionnés envers moi et en règle générale avec tout le monde si pour autant, on est corrects avec eux, car je ne leur ai pas appris à « tendre la deuxième joue, s'ils reçoivent une claque sur la première ».

Ils sont mon bonheur et la force qu'il me reste quand je suis en mal de vivre ; ils m'ont sauvée une fois ou deux.

En parlant de mes fils, je tiens à revenir sur l'une des erreurs les plus incompréhensibles et énormes de ma vie dans le choix des parrains et marraines. De mon côté, la famille n'étant pas très nombreuse, je souhaitais donc ouvrir un peu et le choix d'une amie me paraissait intéressant et sécurisant pour mes enfants. Lorsqu'Hugues est né, je travaillais dans ce groupe d'éditions publicitaires spécialisées et j'avais beaucoup sympathisé avec Valérie, une jeune femme de 10 ans de moins que moi. Nos maris respectifs s'étaient rencontrés et malgré la différence d'âge, tout le monde s'entendait à merveille ; Ils habitaient une jolie maison sur un vaste domaine en Seine et Marne appartenant à la famille du mari et nous passions des samedis ou dimanches tout aussi agréables qu'idéaux pour les enfants, qui pouvaient se donner à cœur joie de tous les jeux possibles sur place.

C'est donc dans cette connivence de l'époque, qu'il m'a été évident que Valérie pouvait devenir la marraine d'Hugues. Son parrain fut un cousin germain de Bernard.
Quant à Thibault, je souhaitais dans le même esprit une jeune marraine et la proposition de choisir l'une des filles d'un oncle de Bernard, avec qui nous avions de joyeux échanges, fut retenue. Son parrain fut un autre cousin germain par alliance de la famille maternelle de Bernard.

Je n'ai absolument pas réalisé que je zappais MCaroline la marraine de cœur qu'il aurait fallu choisir pour Hugues ou Thibault. Je dois avouer pour ma mini défense que Bernard ne se sentait pas très proche d'elle et que les réunions familiales auraient risqué à la longue d'être un peu tendues. Qu'assurément, je ne voulais absolument pas abimer ou perdre ma complicité avec elle en forçant une mauvaise association amicale et familiale.

Je le payais doublement, puisque l'année du décès de Maman, il y eut un clash avec Valérie et son mari et le pire c'est que je ne sais même pas pourquoi! Une accumulation de petits désagréments, de non-dits?. En tous les cas, chacun est resté sur ses positions et ne donna de nouvelles : Moi parce qu'à l'époque j'étais terriblement secouée par les derniers mois de survie de ma maman puis de sa mort.

Hugues perdit sa marraine alors que je perdais péniblement ma filleule Clara qui était née 8 mois après Hugues. Ces deux-là s'appréciaient beaucoup et jouaient ensemble des après-midis entières. Thibault avait également un petit copain avec le jeune frère de Clara, Maxime.

Ce n'est que des années plus tard, via les réseaux sociaux, que je trouvais le profil de Clara et lui laissais un message. Pour mon plus grand bonheur elle me répondit et nous nous sommes retrouvées. Cela arrivait peu de temps avant son mariage avec un charmant Matthieu un peu plus âgé qu'elle et qui avait été son professeur d'équitation, car Clara est aussi une cavalière émérite. Elle était devenue une très belle jeune fille, toute aussi gentille qu'elle l'était petite. Nous nous sommes revues plusieurs fois et j'ai également eu le bonheur de tenir dans mes bras sa fille Milla née l'année d'après. Par la suite, je repris contact avec Valérie qui s'était séparée de son mari. Nous ne sous sommes pas revues mais nous échangions très sympathiquement. Si Thibault était très jeune et ne garde pas véritablement de souvenirs de ces années, Hugues avait souffert de cette coupure violente et définitive. Le sujet reste très sensible pour lui.

MCaroline dans toute son affection et sa résilience m'a offerte elle, le bonheur d'être la marraine de Laura sa deuxième fille et son troisième enfant, née en avril 1997, c'est à dire 7 ans après la naissance d'Hugues et 4 ans après celle de Thibault.

Si Clara est une jolie blonde au cheveux longs, Laura est toute aussi belle avec sa chevelure châtain et magnifiquement bouclée. Un beau mélange Franco-Libanais issu de l'union de MCaroline avec Christian, son mari Libanais. Laura a une sœur aînée, Anne-Charlotte et un frère cadet, Thomas. Trois enfants magnifiques.

Laura est pleines de charmes, sensible, intelligente, fine et généreuse et fait mon bonheur depuis 23 ans !

Il y a une belle complicité entre nous et elle vient renforcer ce lien si fort entre MCaroline et moi. J'aurai tellement aimé avoir une petite fille moi aussi. Je me suis toujours demandé si j'aurai eu ce bonheur sans ma première grossesse interrompue.

Je n'avais pas repris de travail afin de m'occuper de mon premier fils. J'avais juste suivie une formation d'1 an de formation en Graphologie que j'avais trouvé passionnante ;

D'une écriture, par le trait, la pression, la direction, la forme et la place sur la page, on pouvait décrire la personne ; savoir si elle était jeune ou âgée, équilibrée ou dépressive, timide ou souffrante.

J'allais prendre encore du temps pour élever mes deux petits princes ;

Nous vivions donc à Boulogne dans un bel appartement qui donnait sur les jardins de la clinique du Belvédère.

Nous avions eu la chance de pouvoir louer cet appartement dans le même immeuble que mes parents et où j'avais moi-même vécu pendant une quinzaine d'années, grâce aux propriétaires que mes parents et moi même, connaissions depuis une dizaine d'années.

Thibault avait 6 mois lorsque j'accueillais à la maison mon petit filleul d'à peine 3 mois que je gardais pour la première fois.

C'était le fils de la sœur jumelle d'Eve, une amie que j'avais depuis le lycée et qui elle, ne pouvait pas avoir d'enfant car, elle avait une santé très fragile. Elle souffrait de « la maladie bleue » une malformation cardiaque qui comme symptôme principal apporte une coloration bleutée de la face, des lèvres et des ongles.

Laurence avait donc eu un petit garçon qui s'appelait Corentin. Elle était venue me le déposer en fin de matinée pour le reste de la journée.

Corentin et Thibault se rencontraient pour la première fois et nous nous amusions de leurs mimiques.

Plus tard, après le biberon de Corentin et celui de Thibault, je les remettais dans leur lit.

Thibault se réveilla le premier et pendant que je le changeais, je laissais à Corentin le temps de se réveiller à son rythme étant plus jeune.

Au bout de 20 minutes, je décidais d'aller quand même le voir et je rentrais doucement, m'approchant de lui : il était couché sur le ventre et dans la pénombre, je ne voyais pas beaucoup son visage. Je caressais doucement sa joue puis les doigts de sa toute petite main.

De crainte qu'il dorme de trop, je décidais de continuer à le stimuler doucement afin qu'il se réveille.

Corentin ne se réveilla pas... Il s'était éteint dans son sommeil de ce qu'on appelle « la mort subite du nourrisson »... C'était un cauchemar!

J'avais appelé immédiatement les pompiers, mais je sentais en mon for intérieur que c'était trop tard ; son petit corps ne bougeait plus du tout. Lorsque l'un des pompiers sortit du camion au bout de longues minutes, il me confirma l'horrible nouvelle.

C'était terrible, tout se mélangeait dans ma tête, l'impression de perdre un enfant, mais pas le mien... une douleur où il fallait que je gère à la fois le choc, mon chagrin et celui des parents désespérés!

Fort heureusement, aucune responsabilité dans la mort de ce petit ange ne m'incomba et les parents dans leur énorme chagrin avaient eu la force de se tourner vers moi afin de me témoigner leur soutien.

Le fait d'être déjà une maman avec l'expérience de 2 bébés avait fini de me rassurer sur le fait que je n'avais commis aucune erreur et c'était terriblement important pour moi.

Après la mort de Corentin et pendant de longues années, j'ai toujours craint de perdre à mon tour l'un de mes enfants et plus particulièrement Thibault, car j'avais vécu ce drame avec lui.

Quelques semaines après, alors que nous arrivions chez Eve qui habitait Boulogne également, Bernard souleva la poussette en avant pour passer deux petites marches et Thibault mal attaché, partit la tête la première sur le sol en pierres.

À ce moment précis, j'ai cru que ce qui était arrivé à Corentin était une terrible « préparation » à la perte de mon fils qui là sous mes yeux, tout petit, avait été projeté sur le sol.

Nous n'étions pas loin de l'hôpital Ambroise Paré et Thibault fut pris en charge immédiatement. Il ne souffrait apparemment que d'un traumatisme crânien sans perte de connaissance.
Il passa la nuit à l'hôpital sous surveillance et à mon énorme soulagement, je le récupérais le lendemain.

Thibault avait-il vécu à sa façon l'événement ?
Il se réveilla toutes les nuits pendant des années : était-ce sa façon de me dire qu'il était bien vivant ?

.../...

En 2001, alors que mes fils allaient à l'école tous les deux et que maman en voisine pouvait s'occuper d'eux, j'avais repris un travail d'hôtesse d'accueil & standardiste bilingue dans une agence interactive à Boulogne, qui était une filiale du groupe Quebecor (Canada).

Je travaillais de 8 h à 13 h ou de 13 h à 19 h ; nous étions donc deux hôtesses à nous succéder, l'agence devant avoir une amplitude horaire importante car nous devions communiquer quotidiennement avec le Canada ainsi que les autres filiales de New-York et Barcelone.

Je préférais travailler le matin, car en finissant à 13 h, j'avais l'impression de profiter encore de toute la journée. J'aimais aussi arriver vers 7 h 45, alors que personne n'était là à part le responsable des services généraux Loïc, qui ouvrait les stores électriques de tous les bureaux et remettait en route l'ensemble des appareils électriques.

J'avais tout le temps de prendre un café, me promener dans les différents bureaux ou de m'asseoir sur les canapés de l'accueil près de la porte fenêtre qui donnait sur un jardin. Les bureaux étaient au rez-de-chaussée d'un immeuble d'habitations qui donnait sur un grand jardin.

Petit à petit les employés arrivaient en sonnant à la porte s'ils n'avaient pas leur badge. La moyenne d'âge était de 25/30 ans. Le poste d'accueil était sympa dans le sens où je connaissais tout le monde et vice versa. Je repérais vite les différents caractères, les manies des uns, les mimiques des autres.
À la belle saison, tous ceux qui avaient leurs bureaux en bordure du jardin, ouvraient grand leur porte fenêtre et pour beaucoup en profitaient pour fumer une cigarette.
Un jour, à 14 h tapante, une ligne extérieure de mon poste sonne : c'était une directrice de chez l'Oréal qui était un gros client pour nous. Elle n'était jamais venue à l'agence mais appelait souvent.

Elle avait, cette fois-ci, une visioconférence avec deux autres chefs de projets de l'agence. J'étais à peu près sûre qu'il y allait avoir un problème, car comme un fait exprès à chaque fois qu'elle appelait, la personne qu'elle voulait n'était pas disponible...

Je compose le premier poste qui sonne dans le vide! Sans vouloir lui reparler, je reprends l'appel et renvoie immédiatement sur le second poste où je n'ai que peu d'espoir, car il se trouve dans le même bureau. Celui-ci ne répond pas non plus. Je suis obligée de la reprendre;

« Je suis désolée, le poste ne répond pas » : Elle râle, me dit qu'il n'y a jamais personne dans cette agence. J'essaye de temporiser et de lui dire que le chef de projet a dû sortir de son bureau et qu'il va revenir très rapidement. Je regarde au loin dans le jardin afin de voir s'il arrive.

Avec un petit espoir, je renvoie l'appel dans la salle de réunion. Mais là encore, personne ne décroche. Je suis encore obligée de la reprendre :

– « je suis navrée, ce n'est pas vraiment de chance.. ».

Elle me coupe la parole et furieuse s'emporte en disant que c'est vraiment inadmissible, qu'elle n'a pas que ça à faire... ». Avec des petits « oui bien sur je comprends », je désespère d'en finir avec elle et je cherche en même temps à qui je pourrais la passer!

Et puis d'un coup, alors qu'elle continue à s'énerver, j'aperçois enfin le chef de projet qui arrive en courant et qui pour aller plus vite, ne passe pas par l'accueil, mais rentre directement du jardin dans son bureau; Là, emportée par mon enthousiasme, je m'entends dire à la directrice : « Voilà, c'est bon madame, je vous le passe, il vient juste d'arriver par la fenêtre »!

Il y eut un silence bizarre que j'écourtais vite en la repassant sur le poste qui heureusement décrocha.

Un matin, vers 8 h 15, j'étais à mon bureau et je vois une petite télécommande. Je la prends et curieuse, l'actionne : je vois au même moment le grand store de ma porte fenêtre, s'abaisser. Jusqu'ici, nous devions nous lever et appuyer sur un bouton près de la fenêtre ; là, c'était beaucoup plus pratique. Je pouvais donc aisément régler à distance la hauteur du store selon la force et l'emplacement du soleil dans le hall d'accueil. Avec la télécommande, je le remonte donc et puis pour m'amuser, je continue à le redescendre tout doucement pour choisir sa place exacte.

Mon standard sonne en ligne intérieure : « Oui, Ysabelle.. » L'un des employés me demande si Loïc pouvait venir le voir. Je note le message, raccroche et actionne de nouveau la télécommande de mon store...

Quelques minutes plus tard, un autre poste interne sonne : c'est celui de la salle de réunion où le directeur se trouve avec des clients. À nouveau, on me demande si je peux trouver rapidement Loïc.

Un petit moment après je vois le Loïc arriver à grand pas et se saisir du petit boîtier. Je lui dis,

« tu pourras me la rapporter ? »,

« Non, pas celle-là, c'est la télécommande générale » me répond t'il.

Je réalisais alors avec effroi qu'en l'utilisant, c'était tous les stores des bureaux qui se soulevaient ou s'abaissaient en même temps...

J'avais souvent en ligne le siège qui se trouvait au Québec ; j'identifiais immédiatement leur accent ; J'avais également noté que les Canadiens pour dire Au revoir, disaient « Bonjour » c'est-à-dire : Bon jour, Bonne journée en vieux français.

Un jour, où le directeur appelle et que je m'apprête à lui passer son correspondant, je me prépare à le saluer de la même façon pour lui faire honneur. Mais dans la précipitation, je me mélange et au lieu de lui dire Bon jour, ou Au revoir, c'est : « Bonjoir » qui est sorti !!

Il fallait me voir pliée de rire toute seule derrière mon grand bureau ;
J'ai eu parfois de « grands moments de solitude » ;

C'est cette année là qu'Elisabeth P, une jeune hôtesse qui travaillait également à l'accueil, m'initiait à l'ordinateur ; Il y eut de sacrés bons moments entre nous ; ce jour où en voulant décrocher le téléphone qui sonnait et m'asseoir en même temps sur la chaise roulante, celle-ci roule en arrière et je me retrouve par terre avec la combiné à la main.
Nous avions, malgré la différence d'âge, eut une belle complicité ; Elisabeth qui vient de se marier le week-end dernier au moment où j'écris ce passage !

La sœur d'Olivier, mon ex-petit ami avec qui je faillis me marier, qui s'appelait Martine, mais qui préférait son prénom hébraïque de Dinah, était venue également travailler en binôme avec moi, alors qu'Elisabeth avait dû quitter cet emploi.

Nous avons eu aussi de jolis moments ensemble pour en avoir partagé de sacrés drôles quelques années auparavant alors qu'elle était venue m'aider à m'occuper de mes fistons. Nous étions partis ensemble avec Hugues et Thibault tous jeunes à Evian et nous nous souvenons encore de fous rires.

Ceux en l'occurrence où nous étions passées dans une parapharmacie acheter des produits et qu'on lui avait offert des échantillons de crème de beauté et moi des gels pour la circulation du sang !!

C'était la grande époque du roller ; beaucoup de monde en faisait au bord du lac. Nous, à peine on sortait avec les rollers aux pieds, qu'il fallait que nous nous déplacions de panneaux aux réverbères afin de nous y retenir au fur et à mesure de notre avancée périlleuse.

Mon appartement était presque en face de l'embarcadère. Les bateaux qui faisaient les traversées quotidiennes entre Lausanne et Evian, démarraient tôt le matin pour les frontaliers et finissaient vers 23 h. Lorsque vers 7 h, la trompe du 1er bateau se faisait entendre, on y répondait en chœur de notre lit par un « Ta gueule ! » ensommeillé.

Malheureusement l'époque étant pour moi sensible entre le décès de Mamie et la maladie de Maman, j'avais également dû quitter l'agence.

Moins d'1 an après avoir perdu ma grand-mère maternelle et alors que je travaillais toujours, Maman avait repris un combat « sans merci »...

Alors qu'elle avait une petite soixantaine d'années, elle avait eu un accident de voiture qui lui avait provoqué un gros choc. Quelques mois plus tard, elle développait un cancer du sein. Elle fut traitée à base de radiothérapie et chimiothérapie et conserva son sein.

10 ans passèrent et les examens de contrôle s'espacèrent de plus en plus. Maman avait repris confiance.

Papa qui avait vendu son magasin et qui était relancé par Honda pour s'occuper de la distribution de groupes électrogènes, manquait de moyens financiers. C'est alors qu'un de ces « amis » lui présenta son frère qui lui n'avait aucune expérience en la matière, mais les fonds nécessaires ;
Quelques mois plus tard, une belle boutique à Boulogne voyait

le jour avec la plupart des anciens employés de papa désireux de retravailler avec lui.

Très vite, Papa se rendit compte que son associé était un parfait incapable et orgueilleux. Son seul pouvoir, c'était l'argent ; papa avait la clientèle et l'expérience, mais Denis Henry pour donner un nom à ce crétin, voulait tout contrôler ; Il remettait en cause les facilités de paiement des gros clients habituels, ou refusait de concéder la moindre remise.

Commercialement parlant, c'était une catastrophe et papa s'inquiétait de plus en plus quant aux chiffres d'affaires qui baissaient ; Lui qui avait été reconnu chez Honda et qui avait été le premier distributeur de groupes électrogènes en France pendant des années ! Cet imbécile orgueilleux était en train de flinguer l'entreprise et pire l'image de papa auprès de la firme Honda.

C'est la raison qui a fait qu'un week-end à cette époque, alors que nous étions dans le salon avec mes parents, papa très stressé a commencé à buter sur les mots ; puis, il ânonnait le regard perdu : Il faisait un début d'AVC.

Très vite il fut conduit aux urgences et fort heureusement, il conserva toutes ses facultés mais dut suivre un traitement à vie.

Maman se fit un sang d'encre et s'inquiéta sans cesse les semaines et mois suivants et puis immanquablement, « le crabe » est revenu au même endroit mais en plus agressif.

Elle suivit à nouveau tous les traitements possibles, changeait son alimentation, mais rien n'y fit. Cette fois-ci, cette saloperie s'était généralisée.

Épuisée, maigre, un matin, ce matin du 22 août, elle demanda à papa de l'emmener à l'hôpital. Eric était arrivé en France et nous nous étions tous retrouvés dans sa chambre.

Le 24 août et c'était le jour de son anniversaire ! Nous lui avions offert de petits cadeaux pour marquer le coup. Elle était étonnement « en forme », parlant, souriant.

Le surlendemain, alors que nous étions à nouveau tous les trois dans sa chambre, elle avait basculé dans un état de faiblesse intense.

Doucement et inexorablement, elle s'est éteinte le 26 Août 2002 à 7 h 30.

Elle avait juste 72 ans.

Le 3 septembre 2002, j'écrivais : « Maman, je ne dirais plus maman ou allo maman au téléphone, elle n'est plus là pour me répondre. Je suis amputée, abandonnée, isolée face à tout ce qu'une maman pouvait m'apporter régulièrement depuis 42 ans. Particulièrement cette maman qui m'avait façonnée avec autant d'amour que d'exigences, selon des règles de vie, des tabous, des interdits, avec autant d'affection que d'anxiété pour moi, pour mon frère, pour son époux adoré, pour sa maman, pour ses petits enfants... Une anxiété qui l'a tuée.

La mort je l'ai prise en pleine gueule avec sa maladie et sa disparition. Je crois que j'ai apprivoisé la mort en force... L'agonie, les dernières respirations, puis ses yeux fixes. Je la connais la mort, je l'ai vue, sentie, touchée ; elle est glaciale, dure, silencieuse. »

Perdre sa Maman, c'est perdre une énorme partie de son enfance et de soi... Ne plus jamais dire « maman », c'est douloureux ;

Même si je sais qu'elle n'aurait pas accepté la vieillesse facilement, je l'aurais bien gardé encore quelques longues années.

Maman avait été un mélange détonnant de censure, de fébrilité et d'humour ; Elle était capable de sortir des énormités tout en étant une femme avec une éducation très structurée.

Dans une boutique de prêt-à-porter, à une vendeuse qui lui conseillait de prendre le vêtement qu'elle portait et qui visiblement ne lui allait pas elle lui disait le plus sérieusement du monde :

« Oui, c'est bien, on dirait un éléphant » ;

Un jour, alors qu'elle appelait un organisme quelconque, son correspondant lui avait répondu en disant « bonjour monsieur » ; Très agacée, elle le reprit en le corrigeant par un « madame » avec trois ton au-dessus de sa voix.

Lorsqu'ils avaient acheté avec papa leur petite maison de campagne, maman fut très contrariée que le lieu où elle se trouvait, s'appelle le hameau de rotte. Elle avait tout fait pour donner l'adresse de la maison en évitant le nom du hameau, ce qui était bien sûr très compliqué !!

J'ai hérité d'elle des fous rires incontrôlables comme celui que nous avions eu lors d'un mariage orthodoxe. C'était après la cérémonie religieuse ; nous profitions du cocktail et nous nous étions retrouvées assises l'une à côté de l'autre pour déguster une boule de sorbet.

Le pope (prêtre chrétien orthodoxe) était au centre de la salle bavardant avec quelques invités. Les sorbets étaient un peu gelés et nous avions du mal à l'entamer avec les petites cuillères en plastique l'accompagnant.

D'un coup d'un seul, la cuillère de Maman fit catapulte avec un bout de glace à la pistache qui se détachait pour partir se poser directement sur la cape du pope, suivie de quelques secondes par la mienne dont le bout de sorbet à la framboise se posa juste à côté de sa pistache.

Au bout de quelques secondes, les glaces avaient fondues et le pope se retrouvait avec deux petites flaques verte et rose sur sa belle cape blanche !!

Terriblement gênées par la situation et pliées en deux de rires, nous changions de place discrètement, afin que lorsque le carnage serait découvert, les regards du pope n'arrivent inéluctablement pas sur nous !

Elle s'était révélée beaucoup plus comme une épouse qu'une maman en ce sens qu'elle n'osait prendre aucune décision ni initiative pour ces enfants, sans en avertir son mari. Combien de fois, ai-je entendu « tu verras avec ton père ».

Elle adorait ces petits fils qui l'appelaient « mamina » et dont elle s'occupait merveilleusement bien.

Thibault était très jeune à sa mort, mais Hugues qui avait 12 ans à l'époque, avait absolument tenu à la voir dans son cercueil. J'avais hésité mais il y tenait.
C'était courageux et touchant. Mon petit bonhomme était confronté à la mort de près pour la première fois.
Quand maman s'en est allée, ce fut un terrible choc pour Papa. Ils avaient tellement vécus l'un avec l'autre, l'un pour l'autre, l'un contre l'autre...

Maman était celle qui organisait la vie sociale : les invitations à sortir chez des amis, les dîners à la maison. Papa était un vrai « sauvage » et ne trouvait son plaisir qu'à être chez lui ou dans sa petite maison Solognote avec elle.

Peu de temps avant le décès de Maman, ils avaient été visité ensemble un petit appartement en RDC avec une terrasse et un petit jardin dans l'avenue juste à côté de la rue de pavillon à Boulogne.

Maman savait qu'elle allait mourir et voulait s'assurer que papa allait pouvoir trouver un nouveau lieu de vie. Elle lui avait dit que cet appartement était idéal pour lui et c'est donc sans surprise qu'il en fit l'acquisition quelques semaines après, étant incapable de continuer à vivre dans l'appartement de la rue du pavillon.

Trier toutes les affaires de maman fut une épreuve douloureuse. Je sentais l'odeur de son parfum sur ses chemisiers, ses foulards, ses pulls.
J'avais l'impression de violer son intimité en fouillant dans son placard pour le vider...
Papa me laissait tout faire car il n'y arrivait pas. Il avait juste conservé la robe de chambre de maman et la dernière chemise de nuit qu'elle avait portée.

Mettre les vêtements qu'on allait donner, dans des grands sacs, me donnait l'horrible impression de jeter la vie de maman.
Agenouillée devant toutes ces affaires étalées, des larmes venaient s'y poser. Je lui parlais en lui disant que j'étais désolée de ce que je faisais ; que je l'aimais, qu'elle me manquait.
Dans son joli petit appartement, papa vécut les premières années relativement bien ; il s'était organisé une petite vie tranquille. Je le voyais plusieurs fois par semaine, déjeunant avec lui sur la jolie terrasse de son jardin, au resto ou encore en faisant des courses avec lui.

Du jour au lendemain, je lui suis devenue assez indispensable : Il m'appelait pour un oui ou pour un non ; j'ai aussi appris à le connaître d'une autre façon que l'autorité paternelle sévère, intraitable.
J'ai eu plaisir à passer de grands moments avec lui, découvrant des facettes amusantes, la blessure de n'avoir pas été reconnu par son père biologique comme il l'appelait et une grande générosité.

Papa avait toujours eu l'habitude d'accompagner régulièrement maman pour faire des courses alimentaires, surtout lorsqu'il s'agissait de faire de gros pleins, mais en matière de cuisine, c'était autre chose. Il tournait entre le poulet rôti, des côtelettes d'agneau ou des œufs. En légume des pommes de terre sautées ou petit pois. Côté desserts, c'était beaucoup plus varié car papa était un gourmand. Outre les fruits, il adorait les œufs à la neige, les mousses au chocolat, les crèmes caramel et les glaces.

Deux fois sur trois, il m'appelait « Yo » qui était le surnom de maman dont le prénom était Yolande.
C'est d'ailleurs à la mort de ma Maman que j'ai remplacé le « i » d'Isabelle par le Y de son prénom.

Avec Anne-Marie elle-même veuve, qui avait été une amie proche de maman et qu'il connaissait bien, il avait petit à petit noué une relation complice et retrouvait auprès d'elle, des moments de tendresse et de douceur qui flirtaient avec de l'amour.

Malheureusement, les problèmes neurologiques de Papa ont refait surface de façon insidieuse. Au début, c'était des oublis, des petites absences, des inversions.

Il me mettait parfois dans des situations improbables comme ce jour où il voulut m'accompagner chez mon véto habituel pour mon petit bichon frisé toy blanc Filou.
Il aimait les animaux et était intéressé par cette visite. Avec mon petit chien, j'avais également à l'époque Pacha, un beau chat tigré qui jouait souvent avec Filou. Papa s'en amusait lorsqu'il venait à la maison.
C'est ainsi qu'après la consultation, alors que le vétérinaire était en train de calculer le montant de ses actes et que la secrétaire triait des fiches, papa se souvenant probablement d'une anecdote s'exclama le plus sérieusement du monde :
« Docteur, est-ce que vous connaissez la chatte de ma fille ? »
Le vétérinaire qui avait beaucoup d'humour eut un léger rictus et resta « de marbre » la tête penchée sur sa calculette pendant que

la secrétaire me regardait avec une mine effarée. Afin de clore ce silence lourd de gêne, je dis :
« Bon bah voilà, ça c'est fait ! ». Papa ne capta rien du tout !

Un jour, pour le distraire, je l'emmenais au restaurant dans le centre de Paris sur une jolie terrasse, nous attendions notre commande. Le serveur avait apporté une carafe d'eau et du pain. Papa saisit la carafe d'eau et commença à m'en servir comme on sert le thé à la menthe dans les restaurants marocains ; Avec surprise et horreur, je vis la carafe d'eau monter dans les airs et l'eau tomber dans mon verre avec des bruits de « splotchs » énormes !
Papa semblait beaucoup s'amuser : moi un peu moins malgré une envie de rire ; des voisins de table regardait la scène avec étonnement. Il y avait autant d'eau dans le verre que sur la table, c'était un carnage !!

Et puis son humeur a changé : Il devenait nerveux, intolérant, suspicieux, limite brutal.

Nous avions avec mon frère qui était revenu du Mexique pour m'aider, trouvé une jeune femme Arabe qui s'appelait Hanane et qui s'occupait de lui deux fois par jours du lundi au vendredi. Elle était parfaite avec lui, ne s'offusquant pas des quelques réactions bizarres que papa avait régulièrement et ne cédant pas à ces caprices ;

Au volant de sa voiture, il devenait dangereux pour lui et pour les autres. Il avait toujours été un excellent conducteur et avait parcouru dans sa vie des milliers de kilomètres. Ce fut extrêmement douloureux et violent pour lui qu'on lui interdise de conduire. Avec mon frère nous étions devenus des ennemis !
Il ne comprenait malheureusement plus qu'il ne pouvait plus conduire mais que nous complotions contre lui...

Un jour, où Eric était parti faire des courses dans Paris avec sa voiture, il m'avait rejoint chez papa. Afin de le rassurer, car papa savait qu'Eric utilisait sa voiture, mon frère lui dit alors « ne t'inquiète pas, j'ai bien fait attention et ta voiture est au garage en bas » ;

Papa eu alors un petit sourire énigmatique, se pencha vers lui et lui dit d'un ton interrogateur et méfiant : « Oui, d'accord, mais l'autre, elle est où l'autre ? »…

On se regarda avec Eric et de cette situation invraisemblable, je choisis avec humour de pousser la situation à son paroxysme et lança à mon frère : « Bah oui, c'est vrai ça, elle est où l'autre ? »…

Eric me regarde les yeux exorbités puis étouffa un rire en me traitant d'idiote, car papa abordait alors un visage réjoui et triomphant !!

De toute façon au point où on en était, un peu plus ou un peu moins ne faisait pas trop la différence !

Une autre fois, j'avais accompagné Papa pour des examens habituels à l'hôpital Salpêtrière qui est une ville dans une ville. Pendant qu'il voyait le médecin, j'avais patienté dans les jardins. En revenant le chercher je ne le vois pas et je demande à l'infirmière puis à la secrétaire si elles l'avaient vu ? On commence à le chercher partout ! J'essaye de le joindre sur son portable et au bout de plusieurs essais, il décroche enfin. Il était parti car il en avait assez de l'hôpital et avait pris un taxi. Je lui demande s'il sait où il va et il me répond qu'il allait expliquer au monsieur le chemin.

Un peu dubitative sur le résultat final et afin d'éviter une note de taxi hors de prix pour avoir parcouru la moitié de l'ile de France, je lui demande de me passer le chauffeur et là, il me fait cette réponse extraordinaire qu'il n'a pas son téléphone !! En me demandant si c'était un sketch de caméra invisible tellement sa réponse était énorme, je lui explique qu'il est entrain de me parler avec son portable et qu'il devait le passer au monsieur qui conduisait ;

Après une petite hésitation et à mon grand soulagement, j'ai pu donner l'adresse exacte de papa au chauffeur, en lui demandant de veiller à ce que son client rentre bien dans l'immeuble.

Quelques jours plus tard alors que mon frère avait dû rentrer au Mexique, j'étais venue le rejoindre pour déjeuner avec lui ; Hanane avait préparé un bon repas ; J'avais d'abord pris le temps de regarder le courrier arrivé et de classer quelques papiers.

Lorsque je suis partie en début d'après-midi et que j'ai appelé plus tard pour reprendre de ces nouvelles, Hanane m'a avoué que lorsque je suis partie il lui avait dit : « Qui est cette femme qui est venue déjeuner et qui regarde mon courrier » ?... Des larmes de tristesse et d'impuissance ont alors rempli mes yeux pour la première fois.

Son état s'empirait de jours en jours, il appelait à toute heure pour me dire que ses meubles avaient changé de place ; la nuit il sortait dans son jardin déclenchant l'alarme qui réveillait tout l'immeuble !

Un dimanche, Anne-Marie m'appelait, car la situation empirait ; il perdait véritablement la raison refusant de s'habiller pour sortir. Papa dû être transporté aux urgences à l'hôpital Ambroise Paré de Boulogne.

Pendant qu'une jeune interne aux cheveux longs blonds l'examinait, il lui caressait avec douceur les mèches qui arrivaient à portée de sa main en lui disant : « vous êtes jolie » ;
« Vous aussi monsieur, vous êtes beau » lui répondit-elle en continuant son examen.
« Vous dormez avec moi ce soir ? » enchaîna-t-il ;
Elle sourit, eut un petit rire adorable et lui dit :
« Vous savez, j'ai beaucoup de travail, mais je viendrai vous voir » ;

Papa fut donc admis à l'hôpital : Ils allaient le garder pour tenter de résorber son œdème au cerveau.

En début de soirée, il était installé dans sa chambre : j'étais restée avec lui le plus longtemps possible, puis fatiguée je l'embrassais.
« Bonne nuit mon papa »...

Le lendemain matin très tôt, je recevais un appel de l'hôpital : pendant la nuit, papa s'était levé sans demander l'aide d'une infirmière et avait chuté la tête la première sur le sol : il était dans le coma...

Moins de 15 minutes après, j'étais à son chevet ; il semblait dormir profondément. Je lui parlais en lui caressant la main et je suis sûre d'avoir senti ses doigts bouger, entrelacés dans les miens.

J'appelais mon frère au Mexique afin de l'avertir ; il me confiait alors qu'il prenait immédiatement une réservation pour arriver le plus vite possible.
2 h après, c'est papa qui s'était envolé et je dus péniblement rappeler Eric pour lui annoncer que c'était déjà trop tard ! J'en étais désespérée pour lui.

Un énorme vide crevait mon cœur et mon ventre ; je réalisais que j'étais devenue orpheline et que je n'avais plus de parents proches pouvant me réconforter, me consoler. En perdant papa, j'avais l'impression de perdre maman une deuxième fois en ne pouvant plus prononcer ce mot avec lui : « maman, papa » c'était fini !...........

Nous étions en novembre 2013 et à l'aube de mes 54 ans, je perdais définitivement mon statut d'enfant, d'adolescente, de fille de.... Et mon divorce n'avait fait que renforcer cette sensation de perte d'identité ;

J'étais la sœur unique d'un frère que j'adorais, mais à des milliers de kms et la maman de deux fils adorés.

Je devais pour mes fils, ravaler mes larmes et trouver la force de les accompagner dans la perte de leur grand-père maternel.

.../

Bernard

Je suis restée mariée 18 ans ; en tous les cas sur le papier, car dans mon cœur comme dans mon corps, la flamme s'est éteinte petit à petit.

Je ne peux pas faire porter à mon ex-mari toutes les erreurs ou fautes de parcours, car comme lui probablement, je n'ai moi, pas pris assez le temps de vivre avec lui, de connaître son histoire, ses maux et de me rendre mieux compte de nos différences de personnalité.

Je l'avais rencontré lors d'un dîner chez un ami commun ; il m'avait tout de suite beaucoup plu ; grand, blond, mince, les yeux bleus et une belle silhouette. Une sorte de classe naturelle ; il était assez réservé sans être coincé. Il s'appelait Bernard. Je savais de lui qu'il sculptait et qu'il était prothésiste dentaire. Nous étions en été et les grandes vacances approchaient à grands pas. Je l'aurai bien revu, mais les téléphones portables n'existant pas encore, je ne savais pas comment le joindre.

J'avais demandé son nom de famille « Rodrigues Henriques », un nom d'origine portugaise qui m'avait surprise ne « collant » pas du tout à son physique. En cherchant dans l'annuaire, j'étais tombée sur un oncle, car dans le même immeuble, plusieurs membres de la famille y habitaient, on m'avait donc répondu qu'il était parti en vacances.

En septembre, j'avais rappelé et cette fois-ci j'eus son numéro de téléphone ; Nous nous revînmes tous les deux quelques jours plus tard et à mon grand plaisir, nous « sommes sortis » ensemble peu de temps après.

Il habitait le Marais dans un petit studio appartenant à la famille et moi je louais un studio à Boulogne.

Lorsque je restais dormir chez lui, il fallait le lendemain matin me lever très tôt pour prendre le bus 72 et faire toute la ligne pour rejoindre mon lieu de travail au pont de St Cloud, mais ça n'avait pas d'importance.

Petit à petit, il venait également à Boulogne pour s'y installer un jour à temps complet, car son frère jumeau qui avait eu besoin d'un logement en toute urgence, s'était installé dans le studio du Marais.

La première fois où il vint dîner, j'ai voulu préparer deux petits soufflés au fromage, en réalité, je les avais achetés surgelés et je devais juste les faire chauffer ; Je ne sais pas si c'est mon four ou moi (j'en entends rigoler certain(e) qui connaissent ma grande dévotion pour cuisiner), mais ces crétins de soufflés ne sont jamais montés ! J'ai donc dû servir deux machins ratatinés.

Plus tard, c'est Bernard, qui m'invita à dîner chez lui et là surprise, il me sert deux beaux soufflés (j'en étais soufflée), je me suis demandé dans quel esprit il avait fait ce choix : Soit, pour me faire plaisir, car je semblais les apprécier, soit « moi je les réussis » et auquel cas c'était un peu cavalier.

J'ai choisi de garder la première proposition.

Je me souviens aussi d'un soir où j'avais préparé un dîner, j'avais décidé de nous installer sur le canapé lit déplié, l'un et l'autre face à face de chaque côté. Bernard était assis dos contre le mur face à la pièce et j'arrivais avec des œufs à la coque ouverts et des petits toasts au foie gras, disposés sur de jolies assiettes. Je posais le plateau et m'asseyais au bord du canapé, dos à la pièce.

Nous commencions à peine et Bernard voulait du sel ; Sans que j'ai le temps de lui dire de ne surtout pas bouger, galamment il se souleva en mettant un pied à terre, mais au même moment, le canapé qui reposait sur un socle, se transforma en catapulte géante, car je valsais en arrière avec le plateau qui me suivit !

Le spectacle du dîner avec les œufs coque ouverts éparpillés sur moi, les toasts à l'envers par terre et le tout arrosé des deux verres de vin, resteront en mémoire.

Mes souvenirs se sont effacés mais je crois que tout se passait plutôt bien ; Mon rêve comme celui de beaucoup de jeunes femmes amoureuses de 27 ans, était qu'un jour il se projette dans le futur avec moi, qu'il me parle de fiançailles...

Nous devions être ensemble depuis un peu moins d'1 an au moment où je suis tombée enceinte et comme je l'ai écrit plus haut, il prit ça comme un piège.

Ce fut à la fois une épreuve terriblement douloureuse bien sûr mais aussi une désillusion quant à notre couple. Les sentiments que je nourrissais pour lui n'étaient apparemment pas les mêmes de son côté, sinon il n'aurait certainement pas voulu que j'avorte ?!

J'allais sur mes 29 ans au moment où nous nous sommes mariés ; Il y eut d'abord le mariage civil à la mairie de Boulogne puis quelques jours après, le mariage religieux à l'église d'Auteuil où mes parents et les siens s'étaient également unis !!

Nous étions à la fin du mois d'octobre et il y avait beaucoup de vent ; peut-être que la pluie aurait finalement été plus souhaitable pour sa devise de « mariage pluvieux, mariage heureux ». Au mariage venté je découvrais quelques années plus tard la triste association de : mariage foiré !

Si vous demandez aux femmes quel est l'un des plus beaux jours de leur vie, c'est bien souvent, le jour de leur mariage ;

Personnellement je n'ai pas aimé mon mariage : je l'ai même détesté !

D'abord, il fut en majorité organisé par mes parents et mon futur beau-père car sa femme était malheureusement décédée d'un cancer depuis de longues années alors que Bernard n'avait que 8 ans. Nous n'avions donc quasiment rien décidé nous-mêmes et ensemble. Nous travaillions tous les deux, de mon bureau je m'étais tout de même occupée de la liste de mariage, du photographe et du DJ pour la soirée dansante.

Ensuite, la réception devait avoir lieu dans un club privé très chic du bois de Boulogne « le Tir au pigeon » où beaucoup des membres de ma belle famille avaient leurs habitudes.

C'était un bel endroit, mais pas assez chaleureux à mon goût ; de plus nous étions le 28 octobre et une partie de la fête qui aurait pu avoir lieu en extérieur apportant une touche « Cottage romantique » n'avait pas pu se faire à cause d'une météo trop fraîche.

Le nombre des invité(e)s avait dû être limité, de par la grandeur de la salle et surtout du coût financier allant avec le lieu très select.

J'avais trouvé ma robe de mariée chez « Pronuptia » accompagnée de maman qui m'avait guidée vers un modèle assez classique.

Ma coiffure était totalement ratée, il aurait fallu faire un essai avant le jour J.

Je n'aimais pas ces deux espèces de boules de mèches ramassées de chaque côté de ma tête « pour donner du volume à « mon long visage » comme disait souvent maman.

Pour que ces boules de cheveux tiennent, le coiffeur avait dû rentrer une multitude d'épingles qui me piquaient le crâne une fois sur deux, à chaque fois qu'il les posait.

Quand je vis le résultat, j'avais l'impression de ressembler à un caniche ; mais il était trop tard pour en changer.

Mon entrée dans l'église se fit avec des enfants d'honneur dont une petite nièce de la belle famille qui ne me connaissait pas et qui impressionnée, hurlait de terreur !

La messe fut terriblement traditionnelle avec un prêtre peu impliqué ;

Pour finir, le photographe qui avait fait ses photos à l'église puis quelques-unes à l'arrivée du « Tir au pigeon » et qui était parti les faire développer pour les proposer aux invités, n'était jamais revenu pour la soirée, prétextant qu'il s'était perdu : Il n'y eut donc aucune photo de la soirée, ni des invités. Acte manqué ?

Quant au DJ choisi, il avait été nullissime, si bien que la soirée prit fin avant 1h du matin.

Aucune surprise préparée par aucun des amis et très peu de complicité entre mon mari et moi... Je l'ai surtout ressenti au moment de l'ouverture du « bal » où notre valse était sans émotion, sans connexion.

Je me souviens de m'être isolée un petit moment et de regretter ce mariage qui m'apparaissait comme la scène d'une mauvaise pièce de théâtre et dont les personnages principaux ne jouaient pas ensemble ;

La nuit de noce finit par ôter définitivement toute part de romantisme et de plaisir à ce jour : Rien n'avait été prévu et nous étions rentrés dormir chez nous. Je m'étais déshabillée seule et nous nous étions endormis sans faire l'amour !..........

J'ai toujours eu l'impression que je ne plaisais pas vraiment à Bernard, le type de fille qu'il semblait apprécier étant plutôt le style Jane Birkin, autant dire que j'en étais à l'opposé, mais surtout, qu'il s'était marié plus par tradition que par véritable envie.

Régulièrement, il y avait des petites critiques comme ce jour où peu de temps avant ou après notre mariage, je me déshabillais face au lit alors qu'il était couché et que je l'entendais soupirer en disant « il faut vraiment que tu fasses de la gym » ;

Souvent, c'était un vêtement, une coiffure ou un maquillage qui ne lui plaisait pas.

Très vite, mon corps s'est fermé au plaisir de faire l'amour avec lui, car je sentais sous ses doigts toutes les imperfections physiques qu'il me livrait.

Et puis, Bernard qui avait vécu une époque difficile enfant et adolescent, avait pris l'habitude de ne pas vouloir rester chez lui ; à peine nous étions rentrés de courses par ex, il fallait qu'il reparte.

La semaine, il travaillait avec un associé dans un laboratoire de prothèses dentaires et il y passait beaucoup de temps ;

Plus tard, lorsqu'il installa son propre laboratoire, ce fut pire et même si la réussite de son entreprise était un objectif essentiel, c'était devenu son refuge.

Il y travaillait jusqu'en début de soirée et bien souvent une partie du week-end. Je me sentais isolée ; au début, j'appelais régulièrement le laboratoire pour savoir quand il rentrerait et puis petit à petit je me suis habituée en vivant à mon rythme et à celui des enfants ; j'avais épousé un fantôme.

Bernard n'était pas matinal et avait tendance à traiter les choses dans l'urgence ce qui bousculait encore plus son emploi du temps professionnel.

Lorsqu'il avait un rendez-vous, il partait quasiment à l'heure où il était attendu. Nous avons même failli arriver en retard le jour de notre mariage civil, car il était parti travailler le matin même...

Moi c'était l'inverse, j'étais toujours très à l'heure voire en avance : Je me souviens que lorsque j'allais en cours, papa rentrait d'un coup dans ma chambre en disant « debout là-dedans » mais la plupart du temps, j'étais déjà réveillée.

Donc me levant tôt en général puis pour les enfants et n'étant pas du soir, nous souffrions d'une horloge biologique décalée.

Le soir, quand les enfants étaient couchés et endormis, je lui préparais un petit dîner à réchauffer et je me couchais dans notre chambre devant la télé, supportant mal le vide du salon ;
En moyenne, il pouvait arriver entre 21h et 22h, mais aussi beaucoup plus tard ;
Le week-end, il n'était pas rare que lorsque nous invitions des amis à dîner, il arrive en même temps ou après eux.

Petit à petit nous nous « perdions de vue » ; mais tant que nous habitions à Boulogne, je conservais un équilibre en gardant une proximité avec mes parents, Papa, MCaroline et tous mes repères ;

Lorsqu'il voulut absolument que nous achetions un appartement sur plan à Vaucresson, je m'en étais inquiétée ; J'allais me retrouver dans une petite ville où je ne connaissais personne. La seule triste motivation que je trouvais à l'époque, étant que je me rapprochais considérablement de Garches, où mon Amie Zab déjà malade, habitait ;

J'ai toujours eu l'impression que je ne resterais pas longtemps à Vaucresson : je ne m'étais pas trompée !

Nous nous étions installés fin 2006 je crois, mon couple n'était pas au top ; ce tout nouvel appartement à décorer allait donner le change quelques semaines, mais il y avait des problèmes.
Hugues n'allait pas bien ; il avait très mal vécu le départ de Zab et de la petite famille de son grand ami d'enfance Paul de la rue du pavillon, car les appartements étaient tour à tour en vente !

La Famille avait atterri à Garches dans une maison avec un jardin où peu de temps après, Zab développa son glioblastome.

Nous avions nous, déménagé quelques mois plus tard pour emménager dans un plus petit appartement dans le même quartier. Puis 1 an après, l'appartement qui se construisait à Vaucresson fut livré.

Thibault était resté en cours à Boulogne et je l'accompagnais les matins pour qu'il ne soit pas en retard : Le soir, il rentrait seul avec le bus.

Quant à Hugues, qui avait 15 ans, après hésitation entre un cours privé à petit effectif et le lycée, le mauvais choix décida qu'il allait dans ce dernier. Ce fut une catastrophe ; il avait perdu tous ces repères, il était en souffrance et l'esprit scolaire était considérablement différent du cours privé à effectif réduit où il avait parfaitement bien suivi sa 3e l'année précédente.

Je ne sais pourquoi nous ne l'avons pas retiré de là pour le faire rentrer dans l'autre établissement privé. Peut être n'était ce pas possible ?!

Il décrochait complètement, s'isolait et comme si les difficultés ne suffisaient pas, il y avait eu comme cela est souvent le cas, en seconde, un entretien organisé avec une conseillère d'orientation. Elle n'avait pas trouvé mieux que de tirer Hugues encore plus vers le bas, lui disant qu'il ne ferait probablement pas grand-chose !!!!!!

Une blessure de plus pour un Hugues déjà mal dans sa peau. Il en est ressorti complètement désabusé et malgré une nouvelle inscription dans un cours privé à Versailles, il n'arriva pas à redresser la barre.

Un jour, un soir, je crois, peut-être en fin de week-end, je ne sais plus, il y eut un énorme coup de colère de la part de Bernard contrarié et je suppose inquiet, par la situation. Ce n'était certes pas facile, mais là, ce que je vis m'insupporta et me choqua. Son père avait perdu tout contrôle : Il envoyait des coups de pied dans son fils, dans sa chambre, dans sa télévision ; il hurlait !

Thibault avait très mal vécu l'incident, car je me souviens qu'il voulait dormir avec moi ce soir-là.

Quant à moi, je crois que c'est le jour où ce qui restait de sentiments et encore de doutes quant à mon couple, finit de se briser comme la télévision. Cette scène m'avait ramené des années en arrière où j'avais dû supporter, car j'étais trop jeune, la scène entre Papa contre mon frère.

Lorsque Zab décéda en juillet 2007, ce fut le choc douloureux de trop.

J'avais l'impression de tomber dans un vide sans fond ; maman était décédée depuis 5 ans, je portais papa, mon couple n'en avait que le nom, je m'étais éloignée géographiquement et physiquement de mes repères Boulonnais, de MCaroline que je voyais beaucoup moins et à présent Zab qui était décédée.

J'avais un besoin vital de quitter les lieux pour « me sauver » dans les deux sens du terme.

C'est ainsi qu'en octobre 2007, après avoir confié à Bernard mon mal être, nous décidions que je quittais Vaucresson avec Thibault pour retourner à Boulogne où il était toujours resté scolarisé.

Il m'était très difficile de devoir laisser Hugues également et je pense que ce ne fut pas évident pour lui, mais il tenait à rester à Vaucresson pour ne pas laisser son papa seul, ce que j'avais trouvé touchant et normal.

En prenant l'initiative de m'éloigner de mon mari, j'étais probablement la « méchante » et je me rendais compte très vite que Bernard passait pour la victime au vu de la totale apathie de certaines de nos relations communes, envers moi.

Après le décès de Zab, alors que je n'avais pas encore quitté Vaucresson, j'avais déjà goûté au parfum de l'abandon et de l'indifférence. Un jour où j'errais à Garches, je croisais Béatrice D, une médecin généraliste de Garches qui était devenue une amie de Zab au fur et à mesure de consultations ; je l'avais rencontrée et croisée moult fois, nous avions même dîné chez eux avec Bernard.

J'étais heureuse de la rencontrer, c'était comme un lien avec Zab, je lui confiais mon désarroi, ma tristesse.

À ma grande stupéfaction, elle me répondit juste qu'il fallait que je me trouve d'autres amies ; je ne me souviens plus exactement des termes exacts, car j'étais en état de choc, mais ca se voulait aussi froid, inamical presque hostile, puis elle partit, me laissant là sur le trottoir, complètement « boxée ».

Je me suis donc installée dans un petit meublé au centre-ville de Boulogne Nord, un quartier que j'adorais. Si l'appartement n'était pas follement gai, j'avais réussi avec un peu de « home-staging » personnel à me l'approprier. Thibault était à 5 minutes à pied de son collège et retrouvait avec plaisir la proximité de tous ses copains.

J'étais bien et en même temps, perturbée. Même si j'étais revenue à Boulogne, ce vide que je ressentais était toujours là !

J'avais pris l'initiative de cet éloignement avec Bernard, mais je n'étais sûre de rien ; Je me disais que peut-être cette séparation allait le faire réagir et qu'il allait tout faire pour me reconquérir.

Mon corps me rappela aussi très vite que je n'allais pas bien ; je me sentais fatiguée, déprimée ; j'avais des angoisses et je me vidais à cause de diarrhées quotidiennes.

J'avais consulté plusieurs fois la généraliste que j'avais à l'époque.

J'étais sous antidépresseur et un traitement pour mes intestins, mais rien n'y faisait.

J'avais des crises d'angoisses et je tremblais de tout mon corps, papa ne savait plus quoi faire et mon état s'empirant, je me retrouvais aux urgences de l'hôpital Ambroise Paré à Boulogne. Le médecin présent me posait des questions auxquelles j'étais incapable de répondre normalement. Je me sentais si faible, perdue, épuisée.

Il fut décidé avec mon consentement peu éclairé, que j'aille dans une clinique dont ce médecin à l'hôpital me vantait les mérites et le jour même, je me retrouvais à Perpètes-les-Oies, dans une clinique comme on me l'avait dit, mais dans le service psychiatrique!!!!!

Immédiatement, je compris la terrible méprise; lors de mon admission j'avais rencontré un médecin que je ne revis jamais malgré mes nombreuses demandes. Si j'avais pu paraître désorientée à mon arrivée, j'étais loin d'être dingue!

Après avoir passé 15 jours dans cette « prison » où nous devions prendre nos médicaments sous surveillance et en faisant « des pieds et des mains » pour prouver que je n'avais rien à y faire, je quittais enfin cet enfer pour rentrer chez moi;

Il fut prouvé peu de temps après, que je souffrais d'une hyperthyroïdie et que le dosage de mon antidépresseur était beaucoup trop faible!

Ce sont ces deux causes qui avaient provoqué mon état et mon médecin généraliste de l'époque, était passé complètement à côté.

Lorsque je fus traitée par une endocrinologue pour ces deux problèmes, tout rentra dans l'ordre.

J'avais perdu 8 kilos, beaucoup inquiété mes proches et surtout j'avais été privée de ma liberté pour être internée 15 jours... Énorme !!

La vie avait repris et ce qui m'était arrivé avait dû sûrement avoir un impact qui fit qu'un jour, alors que nous étions séparés depuis quelques mois et que j'étais encore dans mon meublé avec Thibault, j'avais envoyé un SMS à Bernard en écrivant : « Et si on arrêtait tout ça ? » ;

La réponse fut à quelques mots près « Ce n'est pas possible, car j'ai refait ma vie », (Ah bon déjà ?)

De façon surprenante, sa réponse ne me rendit pas triste, mais me conforta plutôt dans le fait que j'avais eu raison de prendre l'initiative de partir.

Invité à diner chez un dentiste, je crois et à mon avis très rapidement après mon départ de Vaucresson (ou même peut-être avant), on lui avait présenté une jeune femme célibataire de 37 ans qui avait dû trouver en lui, une belle opportunité de se caser ; Bernard en mode « abandonné » avait dû l'émouvoir également. Quant à l'homme qui retrouvait son pouvoir de séduction, il ne pouvait que craquer pour cette grande brune.

Quelque temps après, en janvier 2009, je recevais via mon avocate, une demande de divorce. J'étais prête à l'affronter en étant satisfaite de ne pas en avoir fait la demande la première.

À toutes ces critiques que j'avais entendues, on ne pourrait pas me reprocher cette décision-là qui mettait un terme final à notre couple.

Fort heureusement, notre divorce ne s'est pas trop mal passé si je le compare à d'autres tout aussi ignobles qu'interminables.

Il y eut bien sur quelques petites surprises comme d'abord le choix de mon futur ex-mari pour un grand avocat pénaliste qui gérait également les affaires civiles ; Je lui faisais aussi peur que ça ?!

Pour ma part, on m'avait recommandé une avocate d'un cabinet à Boulogne, spécialisée dans les droits de la famille, les divorces ou successions.

Je n'ai jamais cherché à enfoncer d'une façon ou d'une autre cet homme avec qui j'avais passé 17 ans et qui était le père de mes deux fils, juste à défendre les droits d'une femme qui ne travaillait plus depuis une dizaine d'années pour élever ses enfants.

Ce qui me choqua le plus, c'est que via mon avocate, Bernard réclamait que je rende ma bague de fiançailles. Pourquoi ? Parce qu'elle avait été faite pour moi, mais avec 3 diamants que sa grand-mère maternelle qui m'avait beaucoup aimée, m'avait offerts.

Je me souviens avoir hésité entre lui balancer à « la gueule » ou la garder, car je ne voulais surtout pas qu'il pense que « j'emportais les diamants de sa famille » mais mon avocate m'avait dit qu'au bout de tant d'années et 2 enfants, il était plus que normal que je la garde.

J'ai donc pris la décision de la conserver, mais je l'ai transformée un peu plus tard, pour qu'elle prenne la forme de ce qui était alors : un pendentif avec 3 diamants représentant mes fils et leur maman et de ce qui n'était plus un engagement amoureux depuis long-temps. L'avait-il été réellement un jour ?

Je ne m'étais pas mariée pour divorcer. J'ai épousé un homme que je n'ai pas pris le temps de mieux connaître ; Son passé avait laissé des traces tenaces, il refusait à l'époque de se faire aider et notre présent en souffrait.

Les angoisses ou les doutes de mon mari qui n'en exprimait pas les origines ou les raisons et mon incapacité à les gérer, nous de-venions un couple qui n'en avait que le titre ; j'étais à 100 lieux de pouvoir comprendre « le pourquoi du comment » de quelques-unes de ses réactions et je n'ai probablement pas su communiquer avec lui comme il l'aurait fallu. J'avais juste consulté plusieurs fois un psy pour qu'il m'aide. Bernard allait rarement bien ; toujours angoissé par quelque chose ou quelqu'un lorsqu'il était là ou terriblement absent.

Mon vécu avait tellement été différent ; Un père qui rentrait régulièrement déjeuner pour profiter de maman et des horaires professionnels qui le faisait rentrer au plus tard à 19 h 30.

Le divorce fut prononcé en mai 2010.

Le crabe

Je n'ai pas refait ma vie pour le moment, même si en retrouvant un homme de 12 ans plus âgé que moi, avec qui j'avais eu une relation intense avant que je ne rencontre Bernard, l'idée de me remarier avait fortement été évoquée avec lui ;

Des fiançailles non conventionnelles et pittoresques avaient du reste eu lieu au Mexique l'été 2011 dans la posada de mon frère et de mon adorable belle-sœur Vicky, un couple comme il y en a peu, avec autant d'amour, de respect et d'admiration l'un pour l'autre.

Malheureusement ce voyage de 3 semaines apporta des tensions régulières qui firent que je pris peur de rater une fois encore un deuxième mariage, d'autant que lors d'un précédent voyage en Italie, ça ne s'était pas très bien passé non plus.

C'était le premier été où Hugues et Thibault vivaient leurs vacances sans leurs parents et Thibault qui n'avait pas eu envie de partir dans la future belle-famille de son père, se retrouvait tout seul à Boulogne. Perturbé, il avait besoin de m'appeler.

Quant à Hugues qui entre temps avait dû quitter Vaucresson à l'initiative de son père qui n'arrivait pas à gérer et sous la pression de sa compagne qui lui avait fait comprendre qu'elle n'irait pas vivre avec lui tant que Hugues serait là (!), il avait eu un échange houleux, car son père lui avait reproché de lui avoir pris un short de bain. Grave problème que celui-ci pour mettre la pression à son fils qui n'était déjà pas très bien, seul dans son petit studio.

J'étais très contrariée et triste de les savoir tous les deux aussi mal et il était plus qu'évident et normal que je sois là pour eux en répondant à leurs appels.

Malencontreusement mon compagnon ne semblait ni l'admettre, ni vouloir le tolérer sans paraître irrité et désagréable, lui qui avait pourtant connu beaucoup de problèmes avec sa fille, il aurait dû comprendre et m'accompagner psychologiquement dans cette épreuve.

C'est dommage, c'est un beau gâchis, car c'est probablement l'homme qui m'a apporté le plus et avec qui j'aurais véritablement pu reconstruire une vie maritale. Et pour la petite histoire, c'était un capricorne !

Lorsque nous sommes rentrés tout début septembre, nous n'avons pas vraiment eu le temps d'en parler puisqu'à la suite de différents problèmes physiques, j'apprenais début octobre, que j'étais atteinte d'un cancer colorectal !!

Je me souviens très bien de ma réaction. Ce fut annoncé le plus délicatement possible par ma gastro-entérologue l'excellente Docteur Meskens qui suivait la famille depuis des années ;

Je suis rentrée chez moi en état de sidération et tel un automate, ma première réaction a été de trier tous mes papiers et dossiers afin que si je devais disparaître dans quelques mois, j'épargnais à mes fils et mon frère beaucoup de difficultés administratives.
Je devais rencontrer très rapidement un oncologue afin de bâtir le protocole de soins. J'allais devoir faire de la chimio et de la radiothérapie. Heureusement j'étais suivie dans une clinique tout près de chez moi où tout était à dimension humaine.

L'un des moments le plus difficile a été le jour où il a fallu me poser le cathéter !

Je tremblais de tout mon corps, car après l'annonce, c'était la toute première marque physique visible et omniprésente de ma maladie.

C'était le stigmate permanent du crabe !

Après l'intervention, Je rentrais chez moi avec la sensation que mon corps m'avait trahie et que ma vie ne m'appartenait plus ; j'allais devenir totalement dépendante de perfusions, de rayons, de contrôles sanguins et dans l'attente insupportable de savoir si j'étais condamnée.

Je pensais à maman en me disant que j'allais peut-être la rejoindre 19 ans plus jeune qu'elle, à son décès ! Je pensais à mes fils qui n'avaient que 20 et 17 ans.

Quelques années auparavant, j'avais eu un départ de cellules précancéreuses au col de l'utérus ; mes fils étaient nés tous les deux je crois, mais très jeunes. Je fus soignée par laser et tout rentra dans l'ordre.

Après la naissance de mes deux fils sans aucun problème et cette très douloureuse interruption de grossesse avant, j'enchainais avec 2 grossesses extra-utérines dont une juste avant de partir en voyage ce qui aurait pu être fatal et l'autre en fin d'année (je ne sais plus laquelle) et admise en urgence à l'hôpital de Suresnes le soir du réveillon de la St Sylvestre !

Nous avions avec Bernard préparé une super déco sur le thème du Casino pour recevoir nos amis (ies) chez nous.

Tout avait dû être annulé ; Bernard pu heureusement réveillonner avec quelques-uns de ses amis qui avaient organisé un dîner de secours, quant à moi, je mangeais un potage, une tranche de saumon (oui oui quand même) et une petite part de bûche.

Bernard, était passé en toute fin d'après-midi avec une demi-bouteille de champagne que nous avions bu sans beaucoup d'enthousiasme.

Je retombais enceinte en 1998, mais cette fois, ce fut un œuf clair.

C'est-à -dire que tout se passe comme une grossesse normale, absence de règle, test positif et le ventre qui s'arrondit; Seulement la division cellulaire est bloquée et l'embryon ne peut pas se former. C'est en principe la cause d'un œuf qui n'est pas frais, non je rigole, un œuf qui n'est pas sain.

Moi, je me suis toujours dit que la nature faisait en sorte qu'un troisième enfant ne puisse voir le jour; mon corps le désirait, mais le couple n'allait pas bien et un divorce quelques années plus tard, lui donnerait raison.

En 2013, après mon cancer, je perdais un peu de sang par le mamelon du sein gauche; comme maman avait été atteinte deux fois d'un cancer du sein, on ne voulut pas prendre de risque et je rentrais à l'institut Marie Curie pour inciser et faire un prélèvement.

A mon grand désarroi, j'y laissai un bout de mamelon; Pas vraiment « sein-pathique », mais je me consolais en me disant que c'était 100 000 fois mieux que de retomber gravement malade.

Ce cancer colorectal, ma grand-mère paternelle mamita en était décédée, je me demandais si la fusion que nous avions, irait jusqu'à nous faire mourir de la même maladie !

J'avais décidé de ne rien dire à mes fils; je vivais à l'époque avec Thibault qui fort heureusement allait en cours la semaine. Je suivais mon protocole de soins sans grande difficulté pour lui cacher, sauf les week-ends où je devais porter sur moi l'appareil qui diffusait la chimiothérapie en continu;

Mais j'avais maigri et je portais des grands tee-shirt ou pulls afin que cela ne se voit pas;

Le fait de ne pas en avoir parlé fut une bonne décision pour eux comme pour moi; eux, car ils auraient été en panique d'imaginer perdre leur maman et moi, car ça me forçait à me lever, me préparer et donner le change lorsque Thibault rentrait de cours ou qu'il était là.

Papa a dû vivre péniblement ma maladie, car il avait accompagné et « porté » maman des mois et des mois la sachant condamnée, mais il ne me le montra pas. Il avait dû craindre également de perdre sa fille après sa femme.

Régulièrement, il venait me retrouver au centre lorsque je devais y rester 3 h d'affilée pour la chimio.

C'était tout près de chez lui également ; ça facilitait les choses ! Nous plaisantions, on se prenait un petit café ou un jus de fruit.

La partie de plaisir continuait avec la radiothérapie ! C'est simple j'ai passé 8 mois à montrer mes fesses au personnel soignant, mais fort heureusement en majorité, des femmes. Un cancer colorectal ce n'est pas très glamour !!!

Mon oncologue était un homme assez jeune, sympathique et ouvert, mais c'était toujours une épreuve pour moi ces consultations où il devait vérifier la taille de la tumeur ;

Et puis bon sang, qui a inventé cet horrible mot qui s'entend comme « tu meurs » ?!!!

Le traitement fut efficace et j'évitais l'opération : Et heureusement, car je ne me voyais absolument pas vivre en devant subir peut-être, une colostomie temporaire ou pire, définitive c'est-à-dire avec une poche.

Je fus sous haute surveillance tous les mois, puis tous les deux mois, trimestriellement, semestriellement puis 1 fois par an ;

Encore aujourd'hui, je dois réaliser une prise de sang pour contrôler les marqueurs qui, en cas de dosage élevé, peuvent indiquer la présence ou le retour d'un cancer.

Certes l'inquiétude a bien baissé et je suis de plus en plus confiante lorsque j'attends les résultats ; il n'empêche qu'il reste au fond de moi, une toute petite appréhension que cette saloperie revienne un jour où que ce soit.

C'est comme les personnes qui ont survécu à un attentat. Ils ont les images de l'attaque et des années après, même s'ils semblent tranquilles, ils craignent toujours de se trouver encore à la hauteur d'une voiture piégée ou d'un terroriste prêt à se faire exploser.

Le côté positif, c'est que lorsque vos jours ont été en danger alors que l'âge ne s'y prêtait pas du tout, on apprend à relativiser les problèmes, les difficultés.

Et alors que j'ai également une grande peur de cette mort inéluctable, car la vie ne va pas sans elle, cela m'a apporté l'envie encore plus forte, plus enragée, de me donner les moyens de vivre à fond.

Ce qui est certain, c'est que je choisis l'intensité à la durée. Que je préfère disparaître plus « jeune », que vieille, diminuée, souffrante et dépendante ;

Il faudra que mes proches le comprennent si je choisis un jour de tirer ma révérence sans attendre que la mort vienne à force de souffrances physiques ou morales ;

Une façon également de contrôler cette mort qui me fait tellement peur ;

.../...

Mes Compagnons

Avec les hommes, j'ai souvent vécu des histoires difficiles et je prends conscience que je me condamne moi-même en répétant parfois le même schéma de l'amour impossible.

Je ne sais pourquoi j'ai le don d'attirer les mecs un peu tourmentés.

Je ne peux tomber amoureuse d'un homme, que si je l'admire ; Il ne manquera pas de me plaire s'il appartient au monde artistique, un homme de théâtre, un acteur, un auteur...

Mais il me séduira également s'il brille dans une carrière quelle qu'elle soit. Un homme avec de l'éloquence et de l'humour.

Il me plaira s'il a une vraie personnalité, s'il se comporte en homme avec un grand H et pas comme une « lavette » ; Il peut bien évidemment être sensible, ressentir de la souffrance, de la tristesse, pleurer ; C'est touchant un homme qui pleure.

Mais, c'est un caractère résistant et fort qu'il me faut, un homme qui a de la maturité, confiant en lui et qui a le sens de l'initiative.

Ensuite dans les qualités essentielles, il doit être à juste mesure :

Propre-sur-lui : Pas le mec qui prend une douche tous les deux jours ou juste le matin en se rasant, se parfumant et qui se couche le soir sans prendre soin de passer par la case « petite toilette hygiénique et rafraîchissante » avant de se rentrer dans le lit et d'imaginer me toucher.

Coquet : le côté cool-chic j'adore. Le costume cravate à bon-escient et le bas de jogging jamais...

Exclusif : Lorsque j'aime, je ne partage pas. Le poly-amour très peu pour moi! S'il va chercher ailleurs, c'est qu'il lui manque quelque chose que je ne sais ou ne peut lui donner.

Qu'il soit protecteur, romantique et attentionné.

La complémentarité me semble aussi quelque chose d'intéressant pour un couple. Je pensais à tort que deux êtres très différents pouvaient se compléter à merveille. Oui, mais c'est aussi ce qui peut les séparer un jour, lorsque la force des sentiments naissants aura inévitablement diminué et qu'il faudra s'entendre sur des sujets sensibles comme l'éducation des enfants par exemple...

La différence d'âge ne me fait « pas peur » et dans les deux sens, avec tout de même une limite à ne pas me laisser séduire par un homme qui aurait l'âge de mes fils, ni à me retrouver avec un monsieur qui pourrait passer pour mon père!

Il m'est arrivé de « sortir » avec des hommes de 20 à 25 ans plus jeunes que moi et franchement, ils égalaient largement des hommes de mon âge!

Physiquement, lorsque j'étais une petite jeune fille, mon prince charmant était grand, blond, les yeux clairs...

Plus tard, mes goûts ont évolué : bruns, châtains et aussi le charme incontestable du poivre-et-sel qui représente souvent la belle maturité de l'homme.

J'ai du mal avec les chauves et je n'aime pas les coupes masculines presque rasées ou très courtes.

Je rajoute en substance pour les époux de mes amies ou copains, que bien évidemment, lorsqu'il y a une raison problématique de pilosité rebelle ou manquante, mon regard n'est pas le même du tout!

Ce que je regarde souvent en premier chez un homme qui pourrait me séduire, ce sont les mains... Celles-là mêmes qui se poseront sur moi.

Il y a aussi des gestes, des attitudes qui m'excitent beaucoup comme celle où juste avant de faire l'amour, il ôte sa montre : C'est comme s'il me disait « C'est le moment-là, maintenant »...

En amour, si longtemps j'ai plutôt été timide et mal dans ma peau, j'ai su trouver petit à petit un certain épanouissement, celui-ci dépendant énormément de l'homme avec qui je suis.

Toutefois, je ne peux nullement me forcer ; Si pour une raison ou pour une autre, ça ne va pas dans ma tête, dans mon cœur, le corps suivra immédiatement ; beaucoup de femmes sont ainsi.

J'ai été et je reste une incurable romantique.

Dans ma vie sentimentale, hormis quelques très jolies relations courtes, une glauque à souhait et le premier qu'on n'oublie jamais, il y a eu principalement 4 hommes qui ont comptés et avec qui je me suis projetée dans l'avenir.

J'ai failli épouser le premier à 21 ans ; nous n'avions qu'une petite vingtaine d'années ; Olivier avait une sacrée personnalité : il était excessif dans tout, très drôle, intelligent et attachant. Il ressemblait à Jean-Jacques Goldman ; il avait un don d'imitation inénarrable : dans les files chez un commerçant par exemple, j'entendais la voix de Chirac ou de Raymond Barre me dire un truc insensé juste avant d'arriver à la caisse !!

Nous aurions pu officialiser notre couple, mais nous étions trop jeunes, trop dépendants de nos familles respectives et j'ai craint son caractère terriblement jaloux.

Il m'avait toujours dit que si nous avions des enfants, le garçon s'appellerait Romain et la fille Sophia. Il fut Papa quelques années plus tard et ses enfants, un garçon et une fille ont exactement porté ces prénoms-là !!

Il est mort d'un cancer du poumon il y a 10 ans !

Alain, rencontré sur le lieu de l'agence de publicité médicale où je travaillais ; J'avais 26 ans et lui 38 ans. Ce fut un vrai coup de foudre. Celui où lorsqu'il s'approche, vous ne savez plus parler français ou taper un courrier. J'avais du reste pris la lourde décision de lui en parler car je ne voulais pas qu'il me prenne pour une droguée ou une abrutie !

Un soir, dans ma petite chambre de service aux papiers et plafond à fleurs, je me décidais donc à l'appeler. Les portables n'existaient pas (et les dinosaures avaient disparu ! lol)... Une amie, Caroline M, avait fait le guet pendant que je récupérais ses coordonnées sur son agenda.

Nous nous étions donné rdv pour le lendemain en fin d'après-midi après le travail.

Je me souviendrais toujours de ce moment où lorsque le barman est venu nous apporter nos consommations si j'avais pu commander un triple whisky ! J'allais devoir « sauter à l'eau » sans savoir du tout où je mettais les pieds. Je savais juste qu'il était séparé de sa compagne et c'est ce qui m'avait décidé à lui parler.Il avait accueilli mon aveu avec autant de surprise que de prévenance. Il m'avait remercié me disant qu'il était flatté.

En couple de son côté mais effectivement séparé à cette époque et papa d'une petite fille de 7 ans qui le ramenait tous les week-ends à Annecy, il m'avait répondu qu'il avait besoin d'y penser, de réfléchir à ma quête et ce n'est que quelques petites semaines après, lors de la soirée de l'agence, que nous sommes repartis ensemble en métro et que je ne suis pas descendue à ma station, mais à la sienne avec lui. Au bout de quelques mois ou d'1 petite année, je ne sais plus, cette relation cachée ne me satisfaisait plus, car d'une part les choses étaient compliquées avec la mère de sa fille et que j'avais moi, besoin d'avancer.

En acceptant de me rendre à une soirée à la dernière minute, je rencontrais celui qui allait devenir mon mari...

Je retrouvais Alain, juste avant d'être officiellement divorcée ; lui l'était et nous avons vécu une belle relation qui se partageait entre un joli village près de Montélimar où il avait sa petite maison et Boulogne.

Je retrouvais avec lui confiance dans mon corps et ma tête ; La difficulté résidait dans le fait qu'il me voulait pour lui « tout seul » et avait une fâcheuse tendance à vouloir consciemment ou non, m'éloigner de mes proches.

Nous avions organisé un beau voyage au Mexique, où nous avions établi notre base à la posada d'Eric et Vicky. Malheureusement, il révéla des aspects d'impatience, de rigidité et d'intolérance. Étant, par exemple, « accroché » à son guide du routard, alors que mon frère était LE guide idéal pour que nous découvrions les endroits à voir dans des conditions les moins balisés « touristiques » ce qui ne pouvait normalement que plaire à mon compagnon ; mais difficile pour lui de « lâcher-prise ».

Alain était également très soucieux des horaires et là, c'était sans compter que mon frère fonctionnait totalement à l'inverse...

Déjà le matin, Eric devait servir les petits déjeuners de ses clients et attendre que ceux-ci finissent pour pouvoir préparer un grand petit déjeuner pour nous tous. Pour Alain qui devait attendre son thé ou son café, c'était insupportable ! Il en devenait presque désagréable. Un matin, il tournait comme un lion en cage et s'impatientait, du coup il est parti de la posada, prétextant un tour en ville ;

Je vivais douloureusement cette situation délicate qui aurait pu me diviser un peu entre mon fiancé et mon frère ; Ce ne fut pas le cas, car Alain démontra malheureusement encore quelques autres intolérances et vers la dernière semaine du voyage, je n'en pouvais plus. Je savais au fond de moi que quelque chose de fort se brisait.

Après 3 ans, des fiançailles et l'achat au Mexique d'alliances et d'une jolie robe de mariée, à notre retour, je rangeais le tout dans un placard avec au fond de moi, un mélange de colère et de tristesse.

Et puis, je devais enchaîner dans une autre bataille beaucoup plus grave, le combat d'un crabe agressif et dangereux.

Je tiens à dire qu'Alain a su m'accompagner dans ce combat jusqu'au bout ; C'était courageux et honorable, car physiquement il ne se passait plus rien entre nous. Moi, j'étais comme kidnappée par le monde médical ; Ma vie ne m'appartenait plus et je pense qu'Alain m'a donné beaucoup de forces.

Bernard mon unique mari et père de mes deux enfants, rencontré peu avant l'été 1987, avec qui je me marie en octobre 1989, séparée en octobre 2007 puis divorcée en 2010...

Et puis Bertrand, une relation cachée éprouvante et forte qui aura duré irrégulièrement 6 ans. Un homme écorché-vif qui vivait en autarcie dans son monde de musiques américaines, de livres, de théâtre, de whiskies, de fumée de cigarettes et de cannabis.
Un être également terriblement attachant, avec beaucoup d'humour et pourvu d'une belle culture littéraire et théâtrale. Un regard bleu perçant et une voix masculine magnifique.
Un artiste à la personnalité ambivalente, complexe ; Un homme émotionnellement instable et fragile. Un capricorne !

Ce fut d'abord mon professeur de théâtre à Boulogne pendant 1 an ; Puis, l'année d'après, je prenais un deuxième cours dans la semaine pour m'essayer à l'impro. Si j'adorais le côté texte et mise en scène du théâtre, la répartie, l'écoute de l'autre et toutes les directions possibles de l'improvisation me réjouissait beaucoup.

Bertrand était un excellent professeur mais très exigeant qui m'a poussée dans mes retranchements. Il m'a fait grandir, m'épanouir et me donner l'énorme plaisir de rejouer publiquement sur scène ;

....

Rejouer, car j'avais déjà suivi des cours de théâtre alors que les enfants étaient très jeunes ; je devais aller au fin-fond de Paris le soir, ce qui me demandait beaucoup de motivation.

Je connaissais bien le professeur qui était un ami d'adolescence et qui avait été très proche de mon amie Ève (la sœur jumelle de Laurence dont le bébé quelques longues années plus tard, est mort chez moi !), rencontrée en classe de troisième dans un cours privé du 17e arrondissement où je retrouvais MCaroline et faisait également la connaissance d'Isabelle L perdue de vue pendant des années et retrouvée grâce à Internet. C'est elle qui m'avait présenté Olivier.

J'étais donc en confiance de suivre ces cours à l'autre bout de chez moi et se finissant vers 23 h.

Son approche du théâtre était intéressante, mais spécifique, détournant le style de texte classique pour une mise en scène très spéciale correspondant à sa personnalité créative anticonformiste et anti conventionnelle.

Je me souviens avoir eu du mal à endosser certains de ces personnages, mais le travail était intéressant ; Mes parents et ma petite mamie étaient venus me voir jouer ; si mamie s'était mise au premier rang pour mieux entendre, maman s'était placée au plus loin de la scène (la salle n'était pas grande) car elle craignait tout !! : La gêne de me voir jouer en public, de m'exposer aux regards des autres… Du coup, papa s'était placé à côté d'elle. Ça me faisait un peu mal de voir que mes parents ne me faisaient pas confiance, ni voulaient ou n'osaient m'accompagner dans cette quête ;

Quant à mon mari, sa femme sortait un soir ou deux toutes les semaines et il s'était imaginé que j'entretenais une relation avec le seul comédien de la troupe ou peut être avec le professeur. Il se méprenait d'époque et de professeur, LOL. Je ne l'ai nullement trompé avec aucun des deux prétendants masculins même si notre couple était déjà bien fragilisé.

Il était venu assister à 1 représentation et m'avait juste dit que « c'était le style de pièce qui devait être jouée par des professionnels ».

Décidément entre ma mère et mon mari, je n'étais absolument pas soutenue ; ce fut un coup de poignard au cœur, j'en aurais été tellement heureuse et fière !

......

Un jour donc, après les représentations publiques juste avant les vacances d'été, j'envoyais à Bertrand un petit mail où je le remerciais pour ces cours de l'année à Boulogne et du plaisir d'avoir joué sur scène.

Et je rajoutais, car c'était la vérité, « merci également pour un autre moment amusant et agréable cette nuit, car j'ai rêvé de toi ! » ; je jure, qu'il n'y avait pas de message subliminal et que ma spontanéité avait une fois de plus « frappé » puisqu' il me répondit :

— « Oh Ysabelle, enfin...... »

Connaissant le bonhomme, j'avais trouvé sa réponse un peu énervante, sachant très bien que ce n'était pas lui que j'allais choquer avec un tel aveu.

Je lui avais donc répondu,

— « Dis donc, après tout ce que tu nous as fait interpréter en impro, tu ne vas pas nous la jouer prude et coincé et me mettre dans l'embarras parce que je te dis ça ? » ;

Un peu fébrile, j'attendais sa réponse qui ne tarda pas et me renvoya là où je m'y attendais le moins.

« On peut même se retrouver pour en parler à tête à tête » !!

C'est ainsi, que peu de temps après, nous entamions une relation que j'avais imaginé un peu moins compliquée ; je savais qu'il était marié et j'avais même rencontré sa femme que j'aimais bien. C'était d'autant plus gênant pour moi ;

Bertrand m'avait confié qu'il ne se passait plus rien depuis bien longtemps. S'il y avait du respect et même de l'admiration pour le travail de chacun et qu'un fils âgé d'une douzaine d'années à l'époque les liait, la notion de couple et le rapport amoureux n'existait plus. Il n'empêche que cette relation en triangle, me mettait mal à l'aise...

Et puis vis-à-vis de mes compagnons de scène à qui je devais cacher également cette relation entre leur professeur de théâtre et moi.. J'avais l'impression de les tromper eux-aussi, car j'avais de fortes relations avec certains et certaines. Mais il m'était formellement interdit par Bertrand d'en parler, craignant des perturbations aux ateliers.

Si nous passions de longues après-midis ensemble et parfois même des journées entières, cela était devenu une situation douloureuse pour moi, car Bertrand s'était petit à petit installé dans le « confort » d'une vie familiale d'un côté et avec moi dans le rôle de sa maîtresse de l'autre. Je passais mes week-ends seule, la plupart de mes soirées et de mes nuits.

Nous avons heureusement pu passer de vrais moments de liberté ensemble en nous échappant plusieurs fois en Normandie, en Hollande (bah tiens), ou encore à Évian dans mon appartement. Des moments magiques où j'avais un homme détendu, drôle, adorable.

Son caractère instable fit malheureusement qu'au moment où nous allions pouvoir vivre librement, car il divorçait, il est venu me retrouver à Sète alors que je venais d'y arriver et qu'il fut « invivable ». Critiquant l'emplacement de l'appartement, arrivant sur la plage et en approche de la paillote où j'avais pris mes habitudes,

accélérant le pas, car il y avait « un peu de musique et des gens ! »,
il fallait partir à l'autre bout de la plage alors que j'avais du mal à
marcher à cause d'une entorse récente.

Il m'avait déjà fait le coup à Houlgate et nous avions dû passer
par- dessus des rochers pour atteindre le bout de la plage où il était
désagréable de se baigner, car c'était plein de roches dans l'eau.

Mais là vraiment à Sète, sur l'immensité du sable, on pouvait très
bien s'installer sans devoir parcourir 1 km à pied pour échapper à
toute trace humaine !
Associable je le savais et je pouvais comprendre son besoin de
calme total, mais pour la première fois, je trouvais que c'était pa-
thologiquement exagéré et pas très gentil pour moi.
Je connaissais pourtant bien cet homme que j'avais appris à « dri-
ver » ; Je savais exactement ce qu'il aimait ou ne supportait pas et
comment le « décourt-circuiter » lorsqu'il était stressé. Il pouvait être
tellement charmant, délicieux.
J'étais fatiguée du déménagement, en perte de tous mes repères
et en quête d'une nouvelle vie sereine ; Je pense également que
j'avais accumulé depuis des années beaucoup de doutes et de
craintes quant à partager sa vie ; « C'est la goutte d'eau qui a fait
déborder le vase », la réplique violente de trop.
J'étais arrivée au bout du chemin, au dernier acte de la dernière
scène...

*« J'ai aimé jusqu'à la folie. Ce que certains appellent la
folie, mais ce qui pour moi, est la seule façon d'aimer.*

Françoise Sagan

La Sophrologie

La Sophrologie est entrée dans ma vie en 2010 ; j'étais avec Alain qui un jour feuilletant mon magazine « Psychologie » ; il me montra un petit encart qui parlait d'une formation en Sophrologie. Après l'avoir lu et pris un peu plus de renseignements sur internet, je prenais RDV avec la directrice de « L'Institut de formation de sophrologie » à Paris dans le 10ᵉ.

En discutant avec Catherine Alliotta directrice de l'école, ce fut, comment dire, une évidence et quelques semaines plus tard je débutais ma première formation.

Je rencontrais une quinzaine de filles qui pour certaines sont devenues des amies comme Miléna, ou de très bonnes relations amicales, car dispersées un peu partout en France ; Hélène, Karine, Myriam...

La Sophrologie m'a enseignée beaucoup de choses fondamentales comme le travail sur le mental ; savoir que si l'on décide de reprendre le contrôle, on peut s'épargner nombre d'ennuis ou complications physiques, cela pouvant aller du moindre maux au plus grave !

Par deux fois, maman est tombée malade d'un cancer et a rechuté : le premier, suite à son accident de voiture puis 10 ans après, aux premiers signaux neurologiques alarmants de papa.

« Se rendre malade », « prendre sur soi », « en avoir plein le dos », « se faire de la bile », « porter à bout de bras », « supporter »... autant d'expressions bien parlantes !

Alors, penser à « Reprendre son souffle », « prendre un bol d'air », « souffler », « s'alléger » et puis « lâcher-prise ».

Lorsque j'allais chez le médecin et qu'il y avait un vaccin ou une piqûre quelconque à faire, on me disait « respire un bon coup ! ». L'abondance d'oxygène dans le corps donnant de la force et l'expiration apportant de la détente.

Et puis ce que nous appelons en Sophrologie les visualisations positives ; allongé(e) ou assis(e) confortablement et se laisser porter par la voix du thérapeute qui va dans un premier temps, détendre chaque partie du corps, puis amener le patient vers une visualisation d'un lieu agréable qu'il aura cité dans l'anamnèse. Une fois installé mentalement dans ce lieu qu'il soit un pays visité, une maison d'enfance, de famille, un jardin, une forêt, une plage, la détente est absolue et le travail de reprogrammation pour lequel il est venu consulter, peut se faire dans les meilleures conditions, puisqu'il est dans cet état que nous appelons « sophro-liminal » c'est à dire entre veille et sommeil ; un état de lâcher prise mental.
Puis, doucement nous faisons revenir le patient dans l'état présent « ici et maintenant ».
D'où l'importance de ne pas parler comme Chantal Ladesou avec qui le fou-rire serait inévitable, ou Muriel Pénicaud l'ex-ministre du Travail que peu de personnes arrivaient à comprendre, tellement elle bafouillait ou ne finissait pas ces phrases.

Si je n'ai pas de problème avec ma voix, il m'est arrivé quelques gags comme à l'une de mes premières consultations où mon fils Thibault était sorti de sa chambre qui se trouvait juste à côté de la pièce où j'exerçais, pour aller faire un tour.

Par acquit de conscience afin que la patiente ne puisse pas apercevoir sa chambre en sortant il avait fermé la porte. Le problème est que j'avais fermé la porte du salon qui se trouvait face à l'entrée et qu'à part la cuisine, l'accès aux pièces étaient impossible et si par là même, on a un chat, on sait pertinemment qu'ils ont horreur des portes fermées ;

Alors que j'avais commencé la séance détente, j'entends miauler derrière ma porte ! Comprenant qu'il ne se calmerait pas si je n'intervenais pas, je me lève doucement avec le texte de ma séance à la main et en continuant à suggérer du calme à ma patiente, j'ouvre ma porte et je me penche rapidement pour ouvrir la porte voisine de la chambre de Thibault où immédiatement, le chat s'engouffre.

Puis, toujours de la même main, je saisis la poignée de ma porte pour la refermer, mais ce faisant, je lâche ma fiche plastifiée qui rejoint le sol et va glisser jusqu'en dessous du lit où ma patiente était allongée !!

Je continuais toujours à lui parler pour maintenir le calme, mais là il fallait que je me taise afin que ma voix ne vienne pas du dessous du lit ! J'imaginais avec épouvante qu'elle ouvre les yeux et qu'elle aperçoive sa thérapeute à quatre pattes les fesses en l'air et la tête sous le sommier...

Une autre fois, je faisais toute une séance avec une tache de café sur le bout du nez !!! J'avais bien vu que la patiente me regardait à cet endroit, mais sans plus ; Elle n'osa probablement pas me le dire.

Un jour, je reçois un petit Monsieur ; je le fais s'asseoir afin d'établir l'Anamnèse (récit des antécédents médicaux & historique patient).
Puis, je lui demande de retirer ses chaussures avant d'aller sur le tapis de sol pour les exercices de relaxation.
Je me tourne pour mettre en route une musique douce et j'entends comme le bruit d'une fermeture éclair ; En me retournant vers

lui je m'aperçois qu'il se prépare à retirer son pantalon !! Entre l'épouvante et l'envie de rire, je lui dis « non non, restez habillé, ce sont juste les chaussures que vous retirez » en pensant dans ma tête « sinon c'est moi qui me retire et vite fait » !

Et puis, ce petit souci que j'ai lorsque je suis fatiguée ou que j'ai par exemple beaucoup parlé : J'ai la fâcheuse tendance à devenir dyslexique et à inverser les syllabes.

Le problème est que parfois ça donne de sacrées surprises comme celle où en tendant l'appareil de carte bancaire à ma patiente, je m'entends lui dire :
– « vous pouvez taper votre conne pid » !!!!!

Un autre jour, un Monsieur vient me consulter pour une dépendance à l'alcool ;

Je me suis tournée vers l'Hypnose en 2014 ce qui est une suite logique à la Sophrologie. Pendant l'anamnèse, je lui demande quels sont les lieux qui le détendent ?

Il me répond :
– « la plage, la mer » ;

Afin de s'en savoir plus, je lui demande s'il aime bien nager, car j'avais eu le cas d'une personne qui aimait la mer, mais qui n'aimait pas s'y baigner ;

Il me répond que « oui beaucoup » ; et là je ne sais pas pourquoi je choisis cet enchaînement, je m'entends dire cette fois-ci :
– « Ha oui, vous avez besoin d'eau » !! Pour un alcoolique, c'était réussi...

Une femme sénégalaise vient me voir un jour souffrant d'angoisses. Pendant l'anamnèse je veux creuser son passé et lui demande si elle a des phobies ?

Elle ne semble pas bien comprendre le mot...

Je lui dis alors :
– « des phobies, des peurs, par exemple, si vous avez peur du noir ? » ;

Un petit moment de solitude après, j'enchainais rapidement :
– « enfin, avez-vous peur de la pénombre ? »...

Miléna se souviendra également longtemps d'une séance qu'elle donnait chez moi (nous avons eu le plaisir d'établir cet accord quelques bonnes années ; c'était joindre l'utile à l'agréable), alors qu'elle était en pleine consultation, moi j'étais en pleine déco et j'avais décidé d'accrocher diverses petites choses aux murs du séjour. Pour ce faire, j'avais utilisé un torchon pour que les coups de marteau que j'allais donner soient amortis.

Alors que je n'imaginais pas une seconde la résonance des bruits, j'avais posé tous mes petits objets de décoration.

À la fin de sa séance alors que son patient était juste parti, je vis arriver Miléna un peu embarrassée et adorablement contrariée, qui m'explique qu'en pleine séance où le patient doit lâcher prise, on entendait parfaitement mes coups de marteaux !!

Il lui avait même dit « dites donc il y a des travaux chez vous ! »...

Comment j'ai pu ne pas m'imaginer une minute que mon bricolage allait interférer phonétiquement sur la séance ?!?!...

Ma formation en Sophrologie et la spécialisation pour Adolescents que j'ai faite ensuite, avait eu lieu avant que je tombe malade.

Toutes ces connaissances et pratiques m'ont bien aidée : J'ai souvent eu recours à la respiration quand tout était bloqué : une sorte d'apnée récurrente, dû au traumatisme d'avoir un cancer agressif.

J'avais également été voir, sur les conseils de Monique qui fut la compagne de mon oncle le frère aîné de papa pendant 21 ans, un médecin généraliste qui était l'une de ces amies.

Elle pratiquait l'auriculothérapie (du grec oreille et soigner) une forme d'acupuncture avec la pose d'aiguilles, mais aussi et ce qui fut le cas pour moi, des mini-clous qu'elle pose à l'aide d'un voltmètre, un appareil qui sonne lorsqu'il détecte une perturbation physiologique. Elle vient alors poser à l'emplacement exact les clous qui viendront stimuler immédiatement la zone fragilisée.

L'oreille représentant la cartographie du corps humain, toutes les zones du corps s'y retrouvent.

Lorsque les clous tombent d'eux-mêmes c'est qu'ils ont finis leur travail.

Ce fut incroyable, car lorsque j'étais rentrée dans son cabinet, j'étais bouffé par l'anxiété, je pleurais et lorsque j'en suis sortie après la séance, j'étais beaucoup plus détendue, calme, presque tout sourire!!!

J'ai été extrêmement fatiguée par le traitement qui dura le temps de la gestation d'un nouveau-né à terme (ou d'une nouvelle vie!) Mais j'évitais les nausées et des angoisses beaucoup plus considérables.

Monique m'avait formidablement bien aidée dans ce combat où le physique pouvait être plus qu'affaibli et je l'en remercie encore.

Ce qui est magique également dans cette activité de thérapeute, c'est que la séance que je donne est aussi bénéfique pour ma patiente que pour moi; Il m'est arrivée d'avoir quelques états d'âmes ou ressentis de fatigue avant une consultation et m'apercevoir qu'après, je me sentais bien mieux.

Et puis, c'est tellement bon de voir les personnes qui arrivent stressées ou dans un mal être quelconque et les voir repartir dès la première séance, détendues; de vous entendre dire : « Je me sens mieux, je me sens bien, je me sens reposé(e). »

Et plus encore, lorsque la dépendance ou le TOC (trouble obsessionnel du comportement) est guéri. Lorsque votre patient(e) vous dit qu'elle arrive à maîtriser son stress ou que sa phobie a disparu.

Cette jeune femme de 25 ans qui n'arrivait pas à tomber enceinte. Qui souffrait d'être la seule à ne pas avoir d'enfants parmi ces amies, qui commençait à ressentir un peu d'aigreur lorsqu'elle apprenait que telle ou telle autre tombait enceinte ; son mari et elle se mettaient la pression lorsque les dates fatidiques de fertilité arrivaient.

Après l'avoir longuement écoutée, détendue, rassurée, j'ai déconnecté cette pression et débranché ce timing ; puis j'ai eu l'idée de les faire venir tous les deux afin de les réunir dans le calme, la respiration, la confiance et la complicité. À peine 1 petit mois après, elle tombait enceinte.

Ce fut l'une des plus grandes joies pour eux et de fierté pour moi !

Je me sens alors tellement épanouie et utile ; c'est presque comme la renaissance de l'adolescente qui a tellement souffert d'un manque de reconnaissance à cause d'études scolaires qui me rebutait.

Ce monsieur qui vient me voir car il veut arrêter de fumer ; Je suis installée depuis quelques mois à Sète. Anamnèse de nouveau, cerner le pourquoi, du quand et du comment...

1ére séance : il a beaucoup moins envie de fumer mais ça le taraude encore un peu.

2e séance 15 jours plus tard ; il n'a plus envie ni besoin de fumer : Objectif réussi !

Quelque temps après je remonte sur Paris pour voir mes fils, Caroline, Miléna et je revois également une autre Isabelle P. que j'ai connu par le biais de MCaroline et que j'apprécie beaucoup.

Elle me questionne sur ma nouvelle vie et me demande si j'ai repris mon activité ?

Afin de lui répondre par un exemple explicite et récent, je lui dis alors :

– « et bien figure-toi qu'il y a un fumeur de moins à Sète »

Elle me fait alors cette réponse extraordinaire :
– « Pourquoi, il est mort ? »...

J'en ris encore !

Pré-départ dans le Sud

Lorsque j'ai dû arrêter les ateliers « théâtre/impro » à Boulogne, car la femme de Bertrand avait eu vent de notre liaison ; enfin quand je dis vent, je pourrais dire bourrasque, car elle a lu un poème un peu hot qu'il m'avait écrit et envoyé par mail ;

Lorsque Bertrand était parti en Martinique quelques mois, il n'arrivait plus à se connecter à sa boite mail ; cet inconscient n'a pas eu meilleure idée que de donner ses identifiants et mot de passe à sa femme afin qu'elle lui fasse un point sur d'éventuels courriers importants reçus.

Elle en a bien sûr profité pour regarder ses mails et est tombée sur celui qu'il ne fallait (vraiment) pas.

Évidemment, lorsque Bertrand est revenu pour reprendre ses cours, elle a mis une grosse pression pour que je n'y assiste plus. En bon lâche masculin, il me le fit comprendre. Ce fut très très dur pour moi ; nous continuions à nous voir à Paris dans un pub où nous jouions souvent au billard, il me rejoignait toujours à Boulogne et les soirs d'ateliers je devais le laisser y aller sans moi (j'habitais à 5 mn à pied) ; je restais seule, privée de ce que j'aimais le plus et de ce qui agrémentait ma vie quotidienne. Tout ça pour la lâcheté d'un homme qui n'assumait pas sa relation avec moi.

Au retour de Martinique, Bertrand devait parler à sa femme. C'était décidé et puis ça ne pouvait pas continuer comme ça pour moi, pour lui, pour nous et pour elle ; En revenant à Paris, il partit vivre dans un petit studio dans le 92 que je lui avais trouvé, en prétextant qu'il avait besoin de recul mais toujours sans parler de nous ; J'espérais qu'il allait vite s'expliquer auprès des siens et particulièrement pour son fils âgé de 16 ans qui ne devait pas très bien vivre l'absence inexpliquée de son père ; Il n'en fit rien et je décidais avec tristesse, de refuser de le retrouver au studio. Assez rapidement, se retrouvant seul, il retourna au domicile conjugal !

Je crois que c'est à cette époque que je ne devais plus faire partie de la troupe de théâtre.

À partir de ce moment-là, j'ai commencé à ressentir un véritable ennui ; il n'y avait plus ces jours où je retrouvais mes partenaires de scène que j'aimais énormément pour avoir joué plusieurs années avec la plupart d'entre eux et elles :

Stéphanie, Vincent, Rico, Teresa...

Il n'y avait plus cette excitation de l'approche des représentations,

Il n'y avait plus ce plaisir de jouer devant un public.

Boulogne avait perdu un énorme repère tout aussi distrayant qu'épanouissant.

Des semaines sans ce jour et ce soir où je retrouvais l'ambiance de la scène. Plus de textes à apprendre, de personnages à interpréter, de rôles à jouer.

Les week-ends déjà pénibles depuis que je n'avais plus de parents proches ni de vie de famille, me paraissaient encore plus vides.

Boulogne ma ville dont les loyers perçaient les cimes pour un 3 pièces, puis 2. Plus ça allait, plus je devais réduire, car je puisais beaucoup trop dans ma réserve d'argent.

Plus j'avançais en âge, plus j'avais l'impression de revenir vers les premiers petits appartements que l'on arrive à louer lorsqu'on a quitté le domicile parental et que l'on commence à gagner sa vie.

Il y avait quelque chose qui « n'allait pas » !

Entre ça, une météo peu réjouissante et l'ennui qui s'était installé, l'idée de partir vivre dans le sud pour une vie moins onéreuse et beaucoup plus ensoleillée, s'imposait naturellement.

Sète

C'est ainsi qu'un jour, je décidais de partir seule quelques jours à Sète. Pourquoi cette destination ? Parce qu'il y a des années, mon frère avait repris un cycle d'études supérieurs à Montpellier et qu'avec Bernard et les garçons tous jeunes, nous étions allés le voir une ou deux fois.

Nous étions passés à Sète et j'avais trouvé l'endroit très joli.

J'appris également par Anne-Marie que les anciens propriétaires de l'immeuble à Boulogne où je vécus chez mes parents, puis avec mon ex-mari et les enfants pendant près de 10 ans, avaient élu domicile là-bas ! était-ce un signe ?

En regardant des téléfilms sur TF1 et France 2, j'ai retrouvé des vues de cette petite ville pleine de charme et mes origines méditerranéennes ont fini par me décider à y retourner.

Lorsqu'en mai ou juin 2018, je suis arrivée à Sète, que je m'y suis baladée deux journées entières à pied, que j'ai entamé des conversations avec des commerçants et habitants Sétois, qu'en prenant un bus qui m'avait emmenée du côté des plages, ce fut une évidence : c'est là où je voulais vivre.

Il n'y avait qu'une ombre au tableau, vendre l'appartement à Évian ! Ce ne fut pas chose facile, parce que si j'y étais attachée, les comptes étaient faits dans ma tête entre le garder pour y passer 1 mois de vacances par an et le louer au mieux le reste de l'année ; Je remercie au passage l'aide toute aussi efficace que la générosité d'Annie qui s'occupait à merveille de l'appartement pendant mon absence.

Pour Hugues et surtout Thibault qui y venaient chaque été, je vendais mon âme au diable !

Thibault et Hugues y ont appris à skier alpin l'hiver sur les massifs de Bernex juste au-dessus d'Evian et nautique sur le lac Léman l'été. Ils ont également parfait la natation dans la magnifique piscine découverte de la ville ; Ils avaient leurs habitudes.

Thibault qui y est venu plus souvent, était accompagné de bons copains à qui il voulait faire découvrir son château. Je citerais au passage, Emmanuel, Théo, Hugo, Nicolas, Jade, Pierre, Alex, Yvan et Erwann qui pour notre plus grande tristesse, a quitté soudainement et cruellement ce monde à l'aube de ces 27 ans.

C'était un ami d'enfance de Thibault qu'il avait connu l'année où notre appartement rue du pavillon où nous avions vécu une dizaine d'années, avait été mis en vente. Ce sont les parents d'Erwan et de sa sœur Nolwenn qui l'avait donc acheté en 2001 je crois ; Les garçons avaient sympathisé et Thibault avait pris en affection ce jeune garçon particulier, fragile, intelligent et plein d'humour. Ce fut une Amitié de plus de 20 ans qui prit fin brutalement ; J'en profite pour rendre hommage au courage et à la résilience de ses merveilleux parents Fabienne et Dominique.

Hugues et Thibault ont donc comme moi, mille souvenirs d'Evian et du château Fonbonne, des repères familiers et cette vue unique sur le lac de cette belle demeure classée, qui avait été une maison forte en 1556 devenue après une rénovation par Charles Garnier un hôtel, restauré et modifié à nouveau dans les années 1850 pour en faire des appartements ;

Dans les années 60, mes grands-parents maternels avaient fait l'acquisition d'un deux pièces face au lac et des années plus tard, mes parents purent acheter le studio d'à côté qu'ils transformèrent en 3 pièces.

Nombre de mes ami(e)s et copains y ont passé chacun des moments délicieux. Je le prêtais plusieurs fois à la pseudo-amie qui n'avait pas un rond pour partir en vacances avec ces enfants et bien sûr, une semaine chaque été, Caroline me faisait le plaisir de m'y rejoindre. (1 semaine hein, pas plus ☺).

J'ai beaucoup regretté que son mari Christian, ne se décide pas à venir un jour ; c'était un bel endroit dont j'étais fière et dont j'aurai voulu lui offrir la jolie vue reposante sur le lac et beaucoup de possibilités de loisirs montagnards en mode été, comme le tennis ou les randonnées correspondant à ses goûts.

Miléna me l'avait même loué une fois en hiver, pour aller skier avec son fils Stéphane. Elle était tombée amoureuse de l'endroit !

Mais s'il fallait vendre Évian c'était pour un vrai projet de vie et pouvoir laisser à mes fils un bien qui allait inévitablement prendre de la valeur.

Après plusieurs allers retours, parfois même dans la journée, je trouvais un appartement avec une belle surface habitable de 90 m² dans un quartier agréable légèrement décentré et tout près d'un quai, ce qui n'est pas trop compliqué à Sète puisque la ville est entouré d'eau par les canaux reliés à la mer : Merci du reste au Roi Louis XIV qui en eut l'idée.

Ceci étant, l'appartement était au premier étage sans véritable balcon et avec du vis-à-vis. Ce n'était pas ce que je voulais, mais l'idée était de retaper au mieux cet appartement pour le revendre avec une jolie plus-value et être sur place pour trouver le bien idéal.

C'est ce qu'il se passa et 9 mois plus tard, je revendis pour acheter un 78 m² en plein centre-ville au 4ᵉ étage avec ascenseur, parking et une jolie vue sur le Mont St clair.

Malheureusement, mon arrivée à Sète en juin 2019 fut beaucoup plus pénible que ce que j'avais imaginé !

1/ La fatigue d'un gros déménagement à rassembler deux lieux de vie dans un seul

2/ Ma rapide rupture avec Bertrand qui, malgré le fait qu'elle venait de moi, me remplissait d'un mélange de tristesse et de colère résultant pour moi d'un beau gâchis.

3/ Et puis la présence de cette pseudo-amie rencontrée dans les années d'école primaire de Thibault car l'un de ces fils était dans la même classe que lui. Elle m'avait malheureusement suivie dans ce projet de vie à Sète et avait apporté avec elle son lot de valises remplies de vieux démons et de complications multiples ;

Je la connaissais depuis une vingtaine d'années et si nous avions eu des moments très sympathiques, il y avait eu des périodes assez glauques beaucoup liées à sa vie tourmentée et un caractère bien trempé !

Je dois avouer que moins d'une semaine après avoir pris connaissance de mon projet et qu'elle m'annonçait qu'elle me suivait, si je ne fus qu'à moitié surprise, je m'inquiétais à l'avance des très probables nuages qu'elle apporterait dans le ciel bleu de Sète. Je ne fus pas déçue !

Alors que je venais à peine de finir mon emménagement sans aucune aide de sa part car elle était déjà sur place, suite à un mot pris de travers, une parole malheureuse ou une attitude incomprise de l'une ou de l'autre, nous n'avons pas tardé à « nous prendre la tête » et après quelques échanges tendus, je recevais un long mail qui retraçait tout ce que j'avais pu faire pour elle, mais en version négative.

Retournant ainsi contre moi, toute l'aide que j'avais pu lui apporter depuis toutes ces années, lorsqu'elle se plaignait à moi de ses fils, de sa mère, de ses relations inexistantes avec ses collègues de travail, de sa solitude amicale et amoureuse, de ses problèmes financiers et puis, n'hésitant pas à piquer là où ça pouvait faire mal, ayant partagé avec moi beaucoup de mes vécus.

Était-ce là le geste d'une véritable amie ? Pourquoi démonter toute ma vie avec autant de haine et de violence ?

Si je parle d'elle, c'est parce que mon arrivée à Sète fut ternie par tous ces évènements qui se succédèrent l'été 2019.

J'en étais même arrivée à douter de rester dans la ville.

J'ai été voir un médecin généraliste et surtout par deux fois, une magnétiseuse qui me remis en ordre les bouleversements corporels et psychologiques.

Doucement, je pris mes premiers repères et je décidais de m'occuper de moi en reprenant une activité physique suivie.

C'est ainsi que je découvris un petit cabinet à dimension humaine où Alexandra Miralès une super ostéopathe spécialisée dans la remise en forme, m'aida à perdre en cours particulier, presque 5 kilos et à me remuscler correctement pendant 7 mois.

Sa gentillesse, sa bienveillance et son professionnalisme m'apportèrent beaucoup dans cet effort constant que je dus fournir pendant tous ces mois et deux à trois fois par semaine.

Tout ce travail m'aida à me sentir mieux ;

Quelques premières consultations avaient démarré dans mon espace cabinet chez moi et des invitations et sorties bien sympas m'était proposées par Véronique qui habitait près de Sète et rencontrée lors de l'enterrement d'une de nos amies communes, Laurence, qui s'était suicidée à coup d'alcool et de médicaments :

Toute sa vie elle avait porté un lourd secret qui fut découvert à sa mort. Elle avait été violée petite fille par son père et son oncle pendant plusieurs années et sa mère dans un déni pathologique avait laissé faire.

Seuls ses compagnons, le père de son fils, Eric qui était un ami et l'homme qu'elle épousa plus tard pour se suicider quelques mois après, étaient au courant.

Je suis tellement révoltée de tout ça et dégoutée que ces violeurs d'enfants vivent tranquillement sans être inquiétés pendant qu'elle croupit au fond d'une tombe... Que même si cette affaire était dévoilée au grand jour, il y aurait « prescription »!!!; c'est quoi cette justice de merde? Il faut un compte d'années pour effacer une condamnation de viols à répétition sur sa fille qui s'est donnée la mort, ne pouvant plus supporter ce qu'elle survivait comme une honte?

Eric décéda 7 ans plus tard, laissant Matthieu orphelin à 16 ans! Je le connaissais depuis sa naissance. Je voudrais lui témoigner toute mon admiration pour la force personnelle avec laquelle il a su se relever de la perte violente de ses deux parents. Il fut pris en charge par Géraud, un grand ami de son père qui devint donc son tuteur; c'était le souhait de son père... Il fut entouré également de l'amour et de l'attention de son parrain Gérald et de sa femme Maya, de Karine sa tante la sœur de sa maman et bien évidemment de mon amour maternel. Matthieu fut pris en charge psychologiquement et tout ceci associé à son intelligence et sa combativité, ont transformé l'enfant blessé en un beau jeune homme fin, ambitieux et profondément gentil;

Donc un peu beaucoup « groggy » après cette douloureuse cérémonie, nous avions bu une bière ou deux (oui plutôt deux!) dans le train qui nous ramenait à Paris.

Par le biais de Facebook, nous étions restées en contact et lorsque je suis arrivée à Sète, la connexion se fit avec autant d'enthousiasme que de bienveillance. Un cadeau de notre petite Lo?

Je faisais également la connaissance d'une amie de Véronique : Fanny, qui m'accompagna dans les travaux et une partie de l'aménagement de mon appartement Sétois, alors que j'étais encore à Boulogne. Une autre jolie rencontre.

La lumière et la chaleur du soleil, les vues des canaux, des barques colorées typiques d'ici, l'accès si proche à la mer avec ces 12 kms de sable fin, l'animation constante d'un joli centre-ville, la proximité aisée pour communiquer avec les gens du sud bien qu'ils faillent également ne pas croire que ce soit gagné au premier contact : Les Sétois t'accepteront ou pas et ta façon d'être fera toute la différence.

Par contre, une fois que c'est acquis, tu fais partie de « leur famille » ;
Toutes ces teintes de bleu, de vert, de jaune, de rose auraient exalté le talent d'un Picasso ou d'un Monet ; On trouve de magnifiques toiles d'Albert Marquet, dont le port de Sète.
Paul Valéry qui est né à Sète en 1871 et enterré au cimetière marin l'avait surnommé « L'île singulière » ;

Mais Sète n'est pas que singulière, elle est surtout plurielle par ses origines mêlées : italiennes, catalanes, maghrébines, françaises.
Toutes les communautés y ont leurs racines : le patois encore parlé par les plus anciens est un mélange d'italien et d'occitan.

Côté cuisine, la tielle, tourte à base de poulpe que je ne risque pas de gouter dégoutée par la bestiole ou la macaronade, l'autre spécialité locale à base de macaronis et de viande, dont on dit qu'il y a autant de recettes qu'il y a de Sétois et que je n'ai pas encore essayée.
Afin de bien voir tous les contours de la ville, les Sétois conseillent de prendre de la hauteur, en partant à « l'ascension du mont Saint-Clair » que l'on peut faire à pied en montant 456 marches assez plates que j'ai gravis avec Thibault.
Avec ses 183 mètres de hauteur, les sétois en tirent, paraît-il et non sans humour, la même fierté que l'ascension du Mont Blanc !

Effectivement quand on l'apparente même à la grimpée de la dent d'Ôche au-dessus d'Évian à 2200 mètres d'altitude avec un dénivelé de plus de 980 mètres et pas moins de 4 h pour y arriver, ça fait un peu sourire.

Depuis que je vis à Sète, les semaines ne sont plus découpées comme avant ; je ne fais plus de différence entre le week-end et les autres jours.

C'est incroyable cette notion du temps où tous les jours se ressemblent, où je ne fais plus de différence entre les jours de la semaine et les week-ends, en particulier les dimanches qui étaient source d'ennui ou d'isolement.

Et puis, je suis tellement bien dans mon nouvel appartement ; il est très lumineux, gai, traversant avec 2 extérieurs, dont l'un m'offre une très jolie vue sur le Mont St Clair avec l'apparition comme magique de la croix blanche sur son flanc, illuminée la nuit.

L'immeuble où je suis se trouve juste à côté d'un temple protestant. Par le vasistas ouvert de la salle de bain, lorsque je prends ma douche le matin, non seulement la baignoire est baignée de soleil, mais j'entends également l'orgue et les chants lorsqu'il y a une messe.

À Sète, l'utilisation de la voiture n'est pas du tout la même qu'à Paris ou même Boulogne ; Tout se fait à pied avec un plaisir évident de marcher au bord des quais (non je ne me suis pas encore tombée dans l'eau !) car je suis à deux pas du centre-ville ;

Pour rejoindre les plages, j'ai ma petite fiat dont je peux enfin profiter du côté cabriolet en faisant glisser la capote, libérant complètement tout le haut de la voiture jusqu'aux places arrière.

Je peux aussi pratiquer du vélo sur des pistes cyclables préalablement faites ne gênant ni ne ralentissant pas les voitures, contrairement aux installations démesurées de la maire de Paris, les structures de transports en communs ne suivant absolument pas.

Ajoutons à cela, toutes les personnes ne pouvant ni ne sachant pratiquer du vélo ainsi que la météo où beaucoup de pluies apportent son lot de dangers, d'inconforts voire d'impossibilité à rouler.

Pendant très longtemps et probablement jusqu'à la fin de ma vie, je garderais une franche antipathie pour ces cyclistes à la con qui ont dû oublier qu'il y a des freins sur leur bécane et que ralentir ne leur enlèveront pas de virilité sur leur performance sportive.

Il y a des années, alors que j'étais allée promener Thibault au bois de Boulogne dans sa poussette canne, je m'étais garée dans un virage, en bordure d'un chemin où passaient ces abrutis. Je ne le savais pas.

Alors que je revenais pour reprendre ma voiture et que j'étais penchée à l'intérieur pour préparer le siège auto, Thibault attendait tranquillement dans sa poussette contre la voiture.

Soudain, j'entendis comme un mélange de beuglements et d'injures ; je sortais la tête de la voiture pour avoir juste le temps de retirer mon petit garçon de sa poussette !

Ces pseudos meurtriers en puissance sont passés à quelques centimètres et à très vive allure !!! Je n'ose même pas imaginer les conséquences physiques et traumatiques d'une percussion avec la poussette et Thibault attaché à l'intérieur.

Mon tout petit bonhomme ne s'aperçut de rien, il était bien trop jeune, mais moi j'étais en état de choc ; Je tremblais de colère et de peur.

Encore aujourd'hui et sans cesse, je constate la même chose : il est impossible à ces abrutis de ralentir ; Les pires sont ceux qui ont la tenue du cycliste : ceux-là, ils sont irrécupérables !

Alors que nous sommes marcheurs et cyclistes autorisés à prendre une même route, mais divisée en deux, ils arrivent derrière vous presque à votre hauteur tout en silence et en roulant rapidement sans même se signaler d'un petit coup de klaxon : Si on fait le moindre écart, si votre enfant décide d'aller à droite ou à gauche, ou si la personne âgée perd l'équilibre, le vélo ne pourra pas l'éviter !!!

De la même façon pour tous ces crétins qui roulent sur les trot-toirs !! je ne parle pas de très jeunes enfants, mais d'adolescents ou pire d'adultes qui non seulement utilisent un accès réservé au piétons, mais ne roulent aucunement au pas !!
Au lieu d'emmerder constamment les automobilistes, je me de-mande ce que la police attend pour réglementer beaucoup plus sérieusement les cyclistes.

Avant de terminer cet écrit, j'ai envie de parler des hommes…

Avec l'expérience et la maturité (ne comptez pas sur moi pour rajouter « de l'âge »), j'ai pu noter d'innombrables petits défauts ou travers en commun chez nos anthropoïdes préférés.

J'entends déjà les inévitables remarques du style :
« Ohlala, bonjour les généralités, je ne suis pas comme ça du tout », parce que si l'on doit commencer par un défaut indéniable, c'est bien la mauvaise foi !
Est-ce un excédent de testostérone dans les coucougnettes mais combien de fois ai-je pu le relever ?

Le mec qui te fait une monstre de connerie et qui te reproche avec ironie les petites tiennes !

Le mec qui se plante de direction, parce qu'il ne sait pas lire les panneaux et qui te dit que ça revient au même... C'est sûr qu'après avoir fait le tour de la ville ou du rond-point et de se retrouver sur des routes improbables en te disant « Regarde le paysage, c'est quand même beaucoup plus beau que l'autoroute! », on finit par y arriver;

La mauvaise foi masculine!!!

Le mec qui refuse à demander son chemin, car ça résulterait à admettre son incapacité à trouver le bon!

Les hommes sont aussi très souvent négligents et/ou ils pratiquent la politique de l'autruche pour ne pas s'occuper de papiers administratifs ou autres contraintes de cette sorte.

Et puis un jour, un mail qui indique que la limite de paiement est dépassée ou que le traitement du dossier qui n'a pas été renvoyé à temps, ne donnera pas lieu au résultat escompté et notre mâle qui peste contre l'administration, fulmine contre l'injustice, l'intolérance :

« Non, non mon garçon, c'est juste toi qui n'as pas fait ce qu'il fallait au moment où il le fallait ».

Les mecs qui arrivent à l'article de la mort avec une rhino-pharyngite et qui arrêtent leur traitement 48 h après, alors qu'ils se sentent mieux.

Ou le bonhomme qui traîne son rhume, qui ne cesse d'éternuer et qu'il dit qu'il va mourir, car le rhume a dégénéré en angine!!

Bon, allez, nous les femmes nous avons aussi nos petites imperfections; il faut bien le dire!

Celles de ne pas avoir le sens de l'orientation par exemple;
Nous sommes capables de prendre une route totalement oppo-

sée, de rater la bonne sortie sur une autoroute, ou encore de faire le tour entier d'un quartier pour arriver dans la bonne rue.

Je me souviens d'une première fois où avec MCaroline, nous voulions aller chez Ikéa à Plaisir dans le 78.
Ce fut effectivement un plaisir particulier, puisqu'à l'époque, nous ne devions pas avoir de GPS et qu'Ikéa n'était pas bien signalé, sinon sur les derniers 100 mètres !

Il faut savoir que dans ce coin du 78, il y a plusieurs « Plaisir » et qu'après les avoir tous faits, nous nous retrouvions en pleine campagne avec des fermes et des poules sur la route !! Nous étions mortes de rire.
À défaut du petit meuble que nous cherchions, nous aurions presque pu rapporter des œufs et du lait frais !!!

Nous les femmes incrédules également qui croyons encore que les hommes décodent nos insatisfactions ou contrariétés, car nous boudons, alors qu'en réalité ils ne captent rien du tout, par confort, pure naïveté ou incapacité totale à « lire entre les lignes ».

Donc COM-MU-NIQUEZ les filles, c'est-à-dire parler, expliquer, traduire...

Celles aussi (d'imperfections, pour ceux ou celles qui ne suivent plus) d'emporter la moitié de nos vêtements (et l'autre si on pouvait !), pour un week-end ou une petite semaine à l'hôtel ou en location.
Alors que notre homme a plié avec soin dans une petite valise cabine d'avion ou rentré rapidement dans un sac à dos selon le bonhomme que nous avons, une chemise, ses deux polos, son pantalon de rechange ainsi que des sous-vêtements et une petite pochette de toilette, nous, nous essayons de faire tenir trois robes, deux jupes, cinq pantalons et tous les hauts qui vont avec, accompagnés des chaussures assorties.

Sans oublier notre petite lingerie et une énorme trousse de toilette avec le séchoir à cheveux de peur qu'il n'y en ait pas sur place (et même que s'il y en avait un, il n'égalera pas le nôtre), dans une valise prête à exploser.

Nous avons également un sac cabas avec nos papiers d'identité, agenda, portable, câble de recharge, maquillage, clefs, magazine, petite bouteille d'eau, Kleenex, chewing-gums, etc.... et bien sur quand on a besoin d'y chercher quelque chose, on ne le trouve pas avant quelques minutes en fouillant l'énorme fond du sac.

Les femmes n'aiment pas la facilité, voilà. Quant aux hommes si on leur demande de chercher quelque chose dans notre sac, c'est « Koh-Lanta » !

Je me souviens également de la tête « catastrophée » de mon ex-mari quand il devait charger le coffre de la voiture lorsque nous partions en vacances avec aussi à l'époque, les affaires des enfants et puis le chien!

Une fois, alors que nous avions fait (ou plutôt que j'avais fait) l'acquisition d'un lapin nain, qu'il n'était pas question de laisser plusieurs semaines sans soins ni alimentation régulière, nous avions donc chargé dans le coffre, une grande cage avec le lapin, les sacs de graines et le foin!!!

Nos amis qui nous recevaient en Bretagne chez eux étaient morts de rire. Lui, avait dit que c'était les « portos » qui arrivaient . Je ne suis pas sûre que mon ex-mari apprécia cette note d'humour.

En ce qui me concerne, je dois avouer quelques petits travers personnels comme celui de souffrir d'une légère misophonie, c'est-à-dire des bruits occasionnés lorsque l'on mange et que l'on boit;

Les mastications bruyantes, les aspirations de soupes, de spaghettis me rendent « dingue » ;

Les « shhlluuurrp » du café allongé du matin ou du thé me donnent envie de fracasser la tasse par terre !

Une forte déglutition peut même m'irriter...

Et puis, faire « aaaaaaaaaaaah » après avoir bu ! Bon, le faire une fois si on a très soif et très chaud passe encore, mais si c'est systématique après un verre de vin, d'eau ou une bière à table par exemple, là ça devient très agaçant : C'est du vécu.

Sinon, dans une vie antérieure j'ai dû être trucidée à l'arme blanche, car je ne peux pas laisser sortis dans ma cuisine ou immédiatement visible des couteaux, surtout les grands. Je me dis que si un malfaiteur s'introduit dans l'appartement, il le verra et s'en servira contre moi.

Je range également tout ce qui est ciseaux.

Dans le même esprit, je ne dors jamais à la place du lit qui se trouve près de la porte de la chambre. Toujours le coté le plus éloigné, donc bien souvent côté fenêtre ; En cas d'agression, dans mon pauvre cerveau cogné par je ne sais quel traumatisme ancestral, c'est la personne la plus proche de l'entrée qui sera molestée en premier, ce qui me donnera alors peut-être le temps de fuir. (Bienvenue dans mon lit !!)

Les personnes qui vous racontent quelque chose avec tous les détails et « les pourquoi du comment », etc. Là encore j'ai du mal, je souffre d'un manque de patience et j'ai une concentration limitée si le sujet ne m'intéresse pas plus que ça !

Je sais exactement de qui ça vient : Maman était incapable de tenir plus de quelques petites minutes et disait, quand c'était possible bien sûr : « Dépêche-toi, je m'endors ! »

De Papa, j'ai hérité d'un trouble de la dyslexie par la manifestation de confondre la droite et la gauche. En voiture par exemple, si l'on me dit de prendre à droite je vais très probablement tourner à gauche.

Lorsque je conduisais Papa et qu'il me dirigeait vers une destination, un jour il me dit : « Prends la prochaine à gauche » et je pris tranquillement celle de droite ; aucun de nous deux n'a réagi dans l'instant!!

Chez mon ostéo Mister Izy, lorsqu'il me demandait de me tourner à droite ou à gauche sur la table, je devais avec la main me montrer la direction proposée afin de ne pas me tromper ; du reste, il m'y aidait avec humour en me disant « à bâbord, à tribord ».

Voilà pour moi, je ne m'en sors pas trop mal, car je ne suis plus sous garantie!!
60 ans le 19 décembre dernier... Je n'en reviens pas ; j'ai l'âge de mes grand-mères que je trouvais « vieilles » lorsque j'étais enfant et même ado.

Je reçois des pubs pour des mutuelles « séniors », des informations pour des appareillages de prothèses auditives et même des propositions d'assurance décès!!

Au secours, on me met un pied dans la tombe.

Le dé-confinement a eu lieu le 11 mai et nous sommes le 15 juillet. Je suis installée dans mon bel appartement dont les travaux s'achèveront fin juillet; Enfin normalement, parce qu'en outre du confinement, j'ai eu quelques complications supplémentaires avec un artisan et quelques originalités d'un autre.

Le menuisier qui fut le premier début février à recevoir la commande des fenêtres des chambres ainsi que de la grande porte fenêtre du séjour et qui se décida à commencer les travaux fin juin!!

Venant travailler en fin de journée, il n'avait que peu de temps à me consacrer; c'est ainsi que je me retrouvais avec la vieille double porte-fenêtre sur ma loggia alors qu'il avait posé la nouvelle quelques jours avant, ce qui au total me faisait 5 portes fenêtres!
On allait à l'élevage ou à la collection...

En réalité, cet artisan porte un nom de famille prédestiné au décalage dans le temps. Il s'appelle Mr Saison;
Alors qu'une fois de plus je l'avais attendu un soir et qu'il n'était pas venu, le lendemain je tenais à marquer le coup sans être désagréable car je l'aimais bien. Je lui disais :
« Je sais pourquoi vous vous appelez Monsieur Saison, c'est parce que vous commencez un chantier et que vous le finissez à la saison d'après.
Il me répondit avec le sourire qu'on ne lui avait jamais faite celle-là; ces travaux se sont terminés fin septembre. Aurait-il préféré Monsieur semestre?
La cuisine Ikéa fut livrée 3 semaines après que j'ai pu l'avoir commandée, c'est-à-dire le 11 mai, car pendant le confinement, impossible de passer commande.

Je m'installais donc le 25 juin dernier dans un appartement à peu près habitable mais sans cuisine et quand je dis cuisine, j'inclus l'évier également !

Heureusement ma salle de bain était juste terminée et j'ai pu laver corps et objets divers dans la baignoire... « À la guerre, comme à la guerre, aurait dit ma grand-mère ».

Lorsque la cuisine fut enfin livrée le 2 juillet, elle fut installée par deux artisans compétents et consciencieux qui n'avaient jamais rencontré le cas d'une cuisine à monter, alors que les joints du carrelage restaient à faire.

La peinture avait été si bien posée qu'aucune porte ne pouvait fermer !!

Je me faisais penser au sketch de Muriel Robin sur « la réunion de chantier » de son appartement ;

Il n'empêche qu'avec le recul, je suis drôlement « fière » de moi ;

Décider, organiser, prévoir, penser, réclamer et faire tout ce que j'ai fait toute seule, ce n'était pas évident !

J'ai eu la chance d'avoir aussi de bons artisans, malgré les inévitables petites anicroches et je cite au passage Mr Blier un électricien hors pair, tout aussi consciencieux que professionnel ainsi que Fabien qui par deux fois, me construit magnifiquement une verrière pour la cuisine.

Mais il y a indéniablement quelque chose ou plutôt quelqu'un(e) qui m'aide ; à mille petits détails je m'en aperçois : Une place qui se libère juste là où il faut ; mon regard qui se pose sur un détail, un objet, un courrier que je revois et dont il fallait absolument que je m'occupe.

Le bon enclenchement d'évènements ou lorsque les choses ne démarraient pas bien, que ça pouvait devenir compliqué pour moi et d'un coup l'issue positive, libératrice.

L'acceptation d'un dossier administratif très incertain, la panne de moteur de ma voiture qui allait entraîner une réparation hors de prix et de penser à la dernière minute que peut-être la garantie pourrait marcher et que oui c'était le cas : le constructeur ayant tout pris à sa charge ! Et tellement d'autres choses…

C'est pour tous ces petits signes que je pense ne pas être complètement seule ; Je ne sais pas de qui il s'agit ; un ange gardien surement : papa, maman, mamita ? Une force invisible rassemblant les êtres chers disparus et qui m'aimaient ?
Jean pierre qui manie le pendule avait posé la question de savoir si j'avais un ange qui veillait sur moi et si c'était Papa et le pendule avait répondu que oui les deux fois…

J'aimerais en être sûre, j'aimerais aller plus loin et pouvoir communiquer d'une façon plus « réelle » ; Parce que j'aurai la preuve qu'il y a bien quelque chose là-haut et ça me rassurerait !

Je l'ai dit, j'ai senti presque imperceptiblement les doigts de papa bouger dans ma main alors qu'il était dans le coma.

Après sa mort, j'avais été revoir une psychanalyste à Boulogne qui m'avait aidée quelques années auparavant. Une véritable référence : Liliane Holstein. Une femme intelligente, bienveillante, empathique et douce ; une grande professionnelle qui a également écrit plusieurs livres.

J'étais venue lui confier mon désarroi d'avoir perdu si brutalement Papa !
Pendant que je lui parlais, elle regardait souvent à ma gauche en souriant légèrement puis revenait sur moi.
Au bout d'un moment je m'arrêtais de parler et la questionnais du regard ; elle me dit :

« Il est là » !

Je fus remplie d'une émotion fantasmagorique. Je lui faisais répéter pour être sûre d'avoir bien entendu. Et puis un peu après, oui, je « sentais » sa présence.

À la fin de la séance, je repartais gonflée d'espérance, de force et d'une joie insolite.

Dans la rue, je marchais en parlant tout bas à papa et en abhorrant un sourire ; si j'étais dans ma bulle, je ne prenais certainement pas conscience que je croisais des gens qui devaient eux me prendre pour une gentille allumée.

Je m'en fichais bien de toute façon. Et si papa « était là » les autres ne devaient pas être très loin ;

C'est ainsi que je commençais à prendre l'habitude de m'adresser, tour à tour, à ceux et celles qui avaient quitté ce monde-là.

Mes grands-parents lorsque j'étais à Evian,

Mamita, quand un chagrin d'Amour me guettait ou que j'avais une décision importante à prendre.

Maman, quand je me promenais dans le quartier d'Auteuil qu'elle adorait ;

Papa, en voiture lorsque je me plante de direction ou lorsque que j'arpente l'avenue Robert Schuman à Boulogne où je l'ai si souvent rejoint chez lui.

Entre parler tout haut, mes petites pertes de mémoire récurrentes (qui inquiètent beaucoup Thibault qui veut que je fasse les tests de dépistage d'Alzheimer ; c'est vrai que j'oublie pas mal de choses, mais je n'ai pas encore pris une route à contre-sens ni porté mes vêtements à l'envers), ma soixantaine survenue depuis déjà 7 mois, mes maladies, les opérations et les traitements costauds qui ont laissé des traces, ma légère surdité et des petits signes qui démontrent qu'inexorablement, les années se sont déposées sur moi, je sais qu'un jour avec l'âge avançant encore, tout ceci s'arrêtera...

Mais peu importe ; j'aurai vécu intensément ma vie , celle qui prendra fin un jour comme pour tout le monde !

Si véritablement comme je le pense, il y a bien quelque chose, quelque part, je retrouverai toutes les personnes qui sont parties :

Mes petits parents, les grands, mon parrain Paul que j'adorais, mon oncle Alex, même si je n'ai jamais eu l'impression de l'intéresser beaucoup, mes amis(es) petits et grands, Eve, Zab, Olivier, Laurence, Eric...

Et puis toutes les personnalités, artistes que j'aimais dont Françoise Sagan à qui j'irais me présenter.

Je danserai dans les nuages et chanterai à tue-tête « Show must go on » avec le grand, l'immense Freddy Mercury...

Je me referai le film de ma vie, des meilleurs moments et des pires et tous ensemble avec une coupe de champagne, on en rira avec les anges !

« Nous n'avons après tout que quelques années à passer dans ce mystère qu'est la vie; Autant l'éclairer par un peu de beauté, de passion, d'amusement. »

– Jean D'Ormesson

Fin

*

Table des matières